Christine Friepes, Annett Richter

Das große Aufsatzbuch – von der 10. Klasse bis zum Abitur

33 bewertete Beispiele zu allen wichtigen Aufsatzarten

Bange Verlag

1. Auflage 2014
ISBN: 978-3-8044-1584-3
PDF: 978-3-8044-5584-9

Lektorat: Peter Süß, Heidelberg
Herstellung: Karin Schmid, Baldham
Druck und Weiterverarbeitung: Finidr s.r.o., Český Těšín

Tipps zum Training mit diesem Buch

Dieses Buch ist eine Sammlung mit 18 verschiedenen Aufsatzthemen und 33 Beispielen. Alle wichtigen Aufsatzformen – auch gemischte Aufgabentypen – ab dem 10. Schuljahr sind berücksichtigt.

So sind die einzelnen Kapitel aufgebaut:

- Zuerst finden Sie wichtige Tipps zur Aufsatzform und Hinweise auf die häufigsten Fehler.
- Danach folgen unterschiedliche Aufsatzthemen aus dem Unterricht, meist mit zwei Lösungsbeispielen.
- Zu jedem Beispiel gibt es einen Kurzkommentar mit Einschätzung der Qualität des Aufsatzes. Dadurch erkennen Sie, was einen guten von einem mittelmäßigen Aufsatz unterscheidet.

Die Aufsatzthemen sind nach Schwierigkeitsgrad geordnet. Es ist empfehlenswert, Teile oder sogar ganze Fragestellungen zunächst selbst zu bearbeiten und anschließend die eigenen Ergebnisse mit den Vorschlägen im Buch zu vergleichen. So gewinnen Sie einen Blick für das Wesentliche der jeweiligen Aufsatzart.

Mit diesem Buch können Sie sich einen Überblick über die gängigen Aufgabentypen verschaffen und sich sinnvoll auf das Abitur vorbereiten.

Unser Dank geht an alle Schülerinnen und Schüler, die die Aufsatzbeispiele dieses Buches verfasst haben. Sie haben uns ihre guten Ideen und gedanklichen Leistungen zur Verfügung gestellt.

Wir wünschen Ihnen viel Erfolg und gute Ideen für Ihre eigenen Aufsätze.

Inhalt

A Kurze Tipps zum Aufsatz

Was sollten Sie vorher wissen?

Egal, wie die Themenstellung lautet: Sie können zu jedem Thema etwas schreiben, wenn Sie sich mit den Regeln für die einzelnen Aufsatzarten vertraut gemacht haben.

- Bei Erörterungsformen muss man seine Meinung logisch begründen und fundiertes Sachwissen besitzen.
- Bei literarischen Erörterungen kommt die Notwendigkeit einer genauen Textkenntnis hinzu.
- Bei den Analyseformen muss man den Text genau durcharbeiten. Epochenkenntnisse und Informationen zum Autor sind dabei sehr hilfreich.
- Bei textgebundenen Erörterungen sind Kenntnisse aus den Bereichen Erörterung und Textanalyse erforderlich.

Generell gilt: Das Schreiben von Aufsätzen ist erlernbar. Die Beherrschung grundlegender Erörterungs- und Analysetechniken sowie eine korrekte und klare sprachliche Darstellung sollten zum Erfolg führen. Und wer die „reinen" Aufsatzformen beherrscht, kann auch gemischte Aufgabentypen sehr gut bearbeiten.

Wie finden Sie das richtige Thema?

Wenn ein Thema Sie anspricht, sollten Sie zunächst überlegen, welche Teilaspekte die Aufgabenstellung beinhaltet. Wenn ein Text vorliegt, lesen Sie diesen mehrmals genau und kritisch durch. Legen Sie sich nicht sofort auf ein Thema fest, sondern ziehen Sie zunächst einmal alle Aufgabentypen in Betracht. Dazu können Sie sich folgende Fragen stellen:

- Zu welchem Thema wissen Sie am meisten?
- Werden Probleme angesprochen, zu denen Sie Sachkenntnis besitzen?
- Haben Sie ausreichende Kenntnisse zu Autor und Epoche?
- Welche Textgattung spricht Sie am meisten an?

Nehmen Sie sich also ein paar Minuten Zeit, um in Ruhe über die gestellten Themen nachzudenken. Diese Zeit ist sinnvoll angelegt, wenn man danach einen guten Aufsatz schreibt. Außerdem vermeiden Sie eine gefährliche Falle: Wenn Sie sofort mit dem Schreiben beginnen, merken Sie erst nach einiger Zeit, dass die Wahl eines anderen Themas vermutlich sinnvoller gewesen wäre. Wenn Sie dann noch wechseln, haben Sie bereits wertvolle Zeit verloren.

Was müssen Sie über die Erörterung wissen?

Erörtern bedeutet, sich über den eigenen Standpunkt zu einer Fragestellung klar zu werden, ihn zu formulieren und dann in einen größeren Gesamtzusammenhang zu stellen.

Erörterungen helfen dem Verfasser und dem Leser, einen Sachverhalt oder ein Problem von allen Seiten zu beleuchten. Der Leser bekommt bei dem Unternehmen, zu einer bestimmten Frage eine fundierte Position zu beziehen, vom Verfasser des Textes eine Hilfestellung.

Der Verfasser gibt kein persönliches Bekenntnis ab, sondern stellt Behauptungen auf. Diese Behauptungen stehen nicht allein, sie werden durch nachvollziehbare Begründungen und anschauliche Beispiele gestützt. So werden sie für den Leser annehmbar und können eine Entscheidungshilfe sein.

Als Aufsatzart gibt es lineare und dialektische Erörterungen. In der linearen oder steigernden Erörterung werden Sachfragen abgehandelt, bei der dialektischen Erörterung geht es um Entscheidungsfragen.

Die Vorgehensweise bei der Erörterung

- Erfassen des Themas:
  - Welcher Aufgabentyp liegt vor?
  - Welche Schlüsselbegriffe enthält das Thema?
  - Wie lautet die Themafrage?
- Sammlung und Ordnung von Ideen:
  - Welche Gesichtspunkte passen zum Thema?
  - Welche Punkte lassen sich zusammenfassen?
  - Welche Ober- und Unterpunkte können gefunden werden?
- Erstellung einer Gliederung des Hauptteils:
  - Welches Argument ist das schwächste, welches das stärkste?
  - Welche Gliederungsform soll gewählt werden?
  - Kann man in den Gliederungspunkten die Argumente erkennen?

- Ideen für Einleitung und Schluss:
  - Wie wird das Interesse des Lesers geweckt?
  - Wie rundet man den Aufsatz durch einen weiterführenden Gedanken ab?
  - Wie verbindet man Einleitung und Schluss organisch mit dem Hauptteil?
- Vertextung des Hauptteils:
  - Sind die Argumente jeweils durch Beleg und Beispiel gestützt?
  - Ist der Themabezug immer gewahrt?
  - Entsteht ein in sich geschlossener Text durch Überleitungen?

Der Aufbau der Erörterung

- Einleitung:
  - Zitat, Statistik, Begriffserklärung, historischer Abriss oder aktueller Bezug
  - Hinführung zur Themafrage
  - Themafrage
- Hauptteil:
  - Formulierung der These
  - Ausarbeitung der Argumentation nach dem Schema Argument – Beleg – Beispiel – Themabezug oder Beispiel – Beleg – Argument – Themabezug
- Schluss:
  - Anknüpfung an die Einleitung, Ausblick auf die Zukunft, Anregung oder Problemerweiterung

Vorsicht, Falle!

Die sechs häufigsten Fehler, die bei der Erörterung gemacht werden, sind:

- Der Aufgabentyp wird nicht klar erkannt und ein falscher Aufbau gewählt.
- Der Bezug zum Thema bleibt nicht gewahrt; die Themafrage wird nicht ausreichend beantwortet.
- In der Gliederung werden die Argumente nicht nach ihrer Wichtigkeit geordnet; die Formulierungen sind uneinheitlich oder unverständlich.
- In der Ausarbeitung sind die Argumente nur wenig länger als in der Gliederung; die gedankliche Struktur wird nicht durch Absätze unterstützt.
- Die Sprache ist unsachlich oder phrasenhaft.
- Es werden Pauschalurteile statt nachvollziehbaren Begründungen geliefert.

Alte Menschen in unserer Gesellschaft

1 **Alte Menschen werden in unserer Gesellschaft häufig an den Rand geschoben.**
Zeigen Sie, mit welchen Problemen sich Senioren in unserem hoch industrialisierten Land auseinandersetzen müssen und welche Möglichkeiten der Abhilfe es gibt.

Beispiel

A Alte Menschen werden medizinisch immer länger am Leben gehalten, von der Gesellschaft ansonsten aber vernachlässigt.

B Mit welchen Problemen müssen sich Senioren in unserem Land auseinandersetzen, welche Möglichkeiten zur Abhilfe gibt es?

- I. Probleme der Senioren
  1. Gesundheitliche Probleme
     a) körperliche Gebrechen
     b) geistige Einschränkungen
  2. Finanzielle Probleme
     a) hohe Pflegekosten
     b) niedrige Renten
  3. Gesellschaftliche Probleme
     a) Pflegenotstand
     b) Auflösung von Familienstrukturen
     c) Stellenwert des Alters in der Gesellschaft
  4. Individuelle Probleme
     a) Selbstzweifel
     b) Unterforderung
     c) Demütigungen
     d) Entwurzelung und Vereinsamung
- II. Möglichkeiten der Abhilfe
  1. Minderung des Pflegenotstands durch soziales Engagement von Jugendlichen
  2. Staatliche Versorgungsprogramme
  3. Freizeitangebote
  4. Steigerung des gesellschaftlichen Ansehens von alten Menschen

C Hoffnung auf bessere Integration der Senioren

Einerseits versuchen wir, das Leben unserer älteren Mitbürger mit immer komplizierteren technischen Apparaten und medizinischen Eingriffen zu verlängern, auf der anderen Seite lassen wir alte Menschen ins gesellschaftliche Abseits gleiten.
Es ist deshalb angebracht, sich einmal mit der Frage auseinanderzusetzen, mit welchen Problemen alte Menschen, denen es laut einem „Zeit"-Artikel eigentlich besser gehen müsste als je zuvor, in unserer Gesellschaft konfrontiert werden und wie Abhilfe geschaffen werden könnte.

Begonnen werden soll mit dem offensichtlichsten Problem vieler alter Menschen, nämlich den gesundheitlichen Schwierigkeiten, die sich mit fortschreitendem Alter einstellen. Viele Ältere haben mit Gelenkverschleiß oder ähnlichen Beschwerden zu kämpfen und verlieren dadurch oft die Fähigkeit, sich selbst zu versorgen oder werden zumindest darin eingeschränkt, ihren Lebensabend richtig zu genießen.
Auch Krankheiten, die die geistige Präsenz beeinträchtigen, treten nicht selten auf. So leidet eine steigende Anzahl von über 70-Jährigen an der Alzheimerschen Krankheit, wodurch sie nach und nach zu Pflegefällen werden und am Ende nicht einmal mehr ihre Angehörigen erkennen. Dies schockiert manche Verwandte so sehr, dass sie sich nicht mehr um ihre älteren Familienmitglieder kümmern wollen und diese abschieben.

Ein weiteres Problem, das einigen Rentnern zu schaffen macht, sind finanzielle Schwierigkeiten. Für die Miete in Altersheimen oder die Monatsbeiträge in Pflegeeinrichtungen fallen hohe Kosten an, die beglichen werden müssen. Bei manchen älteren Menschen übersteigt dieser Aufwand die Höhe der Rente. Somit sind sie auf Zuwendungen des Staates oder ihrer Kinder angewiesen. Aber auch ein Pensionist, der nicht im Altenheim wohnt, hat es oft schwer, finanziell über die Runden zu kommen. Viele fühlen sich angesichts der gestiegenen Lebenshaltungskosten als arm, wobei den größten Anteil dieser Bevölkerungsgruppe Frauen ausmachen. Es geht sogar so weit, dass einige dieser Frauen auf Sozialhilfe angewiesen sind, obwohl sie ihr Leben lang gearbeitet haben.

Manche dieser Schicksale mögen persönlich begründet sein, viele Probleme älterer Menschen sind aber auch gesellschaftlich bedingt. In sozialen Einrichtungen gibt es selten genügend Pflegepersonal. In Krankenhäusern fehlt es auf Stationen, in denen alte Menschen auf den Tod warten, an Pflegern, weil sie für diese anstrengende Arbeit schlecht bezahlt werden. Hinzu kommen die psychische Belastung und der ständige Stress, sodass das Pflegepersonal schnell auf andere Stationen abwandert, was sich nicht gut auf das Befinden der alten Menschen auswirkt, da ihre Bezugspersonen öfters wechseln.

Eine weitere Schwierigkeit für alte und pflegebedürftige Menschen ist die Auflösung von Familienstrukturen. Noch vor 50 Jahren war es ganz selbstverständlich, dass alte Menschen bis zu ihrem Tod in der Familie gepflegt wurden. Heute aber, in Zeiten von Patchwork- und Kleinfamilie, fällt die Sorge um alte Menschen immer mehr staatlichen und privaten Pflegeeinrichtungen zu, was dazu führt, dass der Pflege oft Menschlichkeit und Wärme fehlt.

Das größte Problem ist allerdings das geringe Ansehen des Alters in der Gesellschaft. Dies liegt daran, dass das Alter und seine typischen Erscheinungen nicht mit unseren heutigen Wertvorstellungen in Einklang zu bringen sind. In Zeiten, in denen jeder nach Jugend, Dynamik, Gesundheit und Sportlichkeit strebt, will niemand an das Altern, die Abnahme der Leistungsfähigkeit und den körperlichen Verfall erinnert werden. Deshalb hält man Abstand von alten Menschen, die einem bewusst machen, dass ihr Los einen selbst auch einmal trifft. Die Abneigung der Gesellschaft gegen Gedanken an das Alter geht sogar so weit, dass Altersheime laut einem Gerichtsurteil aus Wohngebieten verbannt werden dürfen. So geraten Alte immer mehr ins gesellschaftliche Abseits.

Sind schon die äußeren Bedingungen für Senioren nicht ermutigend, so werden sie noch dadurch verstärkt, dass ältere Menschen sich das Negativbild, das die Gesellschaft vom Alter entwirft, zu eigen machen. Zum einen befallen sie Selbstzweifel, da im Alter ihre Schaffenskraft nachlässt. Viele haben sich ihr Leben lang nur über ihre Arbeitskraft definiert, für andere gesorgt und anderen geholfen. Dass nun sie diejenigen sind, die Hilfe brauchen, oder auch die Tatsache, dass sie Schwierigkeiten bei der Fortbewegung haben, nagt an ihrem Selbstbewusstsein. Oft kommen noch entwürdigendere Situationen hinzu, wie beispielsweise, wenn man Hilfe benötigt, um auf die Toilette zu gehen oder sich zu waschen.

Häufig wissen alte Menschen nichts mehr mit ihrer Zeit anzufangen. Sie haben in jungen Jahren immer nur gearbeitet; für Hobbys war wenig Zeit. Nun, da sie sich im Ruhestand befinden, haben sie nichts, was an die Stelle des Berufs rücken könnte. Sie fühlen sich nutzlos und überflüssig.

Zu diesen Problemen kommt gerade bei Frauen mit niedriger Rente die Demütigung hinzu, beim Staat „betteln" gehen zu müssen. Viele waren ihr Leben lang stolz darauf, alles alleine geschafft, ihre Kinder groß gezogen zu haben und niemandem zur Last zu fallen. Sie hatten gehofft, sich im Alter in Sicherheit zur Ruhe setzen zu können. Doch nun müssen sie sich über ihren Stolz hinwegsetzen und Sozialhilfe beantragen. Dies wirkt sich oft sehr negativ auf ihre Psyche aus.

Am gewichtigsten aber sind die Schäden, die der Seele alter Menschen zugefügt werden, wenn man sie ins Altersheim abschiebt. Sie fühlen sich aus der Gesellschaft ausgeschlossen und verbannt hinter die Mauern einer solchen Einrichtung. Nicht selten haben sie für ihre Kinder auf viele Dinge verzichtet in der Hoffnung, dass im Alter auch jemand da sein wird, der sich um sie kümmert. Stattdessen werden sie aus ihrer angestammten Umgebung herausgerissen und in oft wenig ansprechende Heime gebracht. Jeder, der schon einmal in einem Altersheim war, weiß, wie trostlos die Atmosphäre dort ist. Ein Bewohner eines solchen Heims hat es einmal so formuliert: „Die Alten sitzen auf dunklen Fluren in einem Kreis schweigend da und starren blicklos vor sich hin." Von einem glücklichen Lebensabend kann da nicht die Rede sein.

Damit die alten Menschen in unserer Gesellschaft ihren verdienten Ruhestand genießen können, gibt es viele Möglichkeiten, die Situation zu verbessern.

Zur Minderung des Pflegenotstandes wäre die Einführung eines sozialen Pflichtjahres für junge Menschen sinnvoll. Sie könnten in Krankenhäusern und Altenheimen Aufgaben wie Essensausgabe, Vorlesen oder die Begleitung bei Spaziergängen übernehmen. Diese Dinge erfordern keine besondere berufliche Qualifizierung. Krankenschwestern und Pflegepersonal bliebe mehr Zeit für die medizinische Betreuung. Auch hätte das ausgebildete Personal mehr Freiraum für persönliche Zuwendung.

Ein Mittel gegen die Entwurzelung von Menschen, die nicht mehr allein für sich sorgen können, ist der Ausbau von sozialen Hilfsdiensten wie „Essen auf Rädern". Dadurch, dass den alten Menschen, die nicht mehr kochen können, täglich eine warme Mahlzeit ins Haus geliefert wird, ist es ihnen möglich, weiterhin in ihrer gewohnten Umgebung zu bleiben. So erhalten sie sich einen Teil ihrer Selbstständigkeit.

Abhilfe gegen die gesellschaftliche Isolation schaffen auch spezielle Freizeitangebote. Viele Gemeinden oder kirchliche Einrichtungen bieten Altenclubs an, wo Senioren die Möglichkeit haben, sich zu treffen, Ausflüge zu planen, handwerklich tätig zu sein oder sich Vorträge anzuhören. Damit wirkt man zwei Problemen entgegen: Die Menschen kommen aus ihren Wohnungen heraus und sie haben keine Langeweile mehr.

Das gesellschaftliche Ansehen der Senioren könnte dadurch gesteigert werden, dass man ihre Erfahrungen stärker nutzt und sie in einer Art Nachbarschaftshilfe mitarbeiten lässt. Konzepte wie die „Kompanie des guten Willens", bei der Pensionisten jüngeren Existenzgründern mit ihrer Erfahrung beim Aufbau von Unternehmen helfen, sollten weiter ausgebaut werden. ▸▸

Man kann auch im sozialen Bereich und bei kirchlichen Organisationen die Einsatzbereitschaft alter Menschen stärker nutzen und ihnen damit das Gefühl geben, noch gebraucht zu werden. Es gibt also durchaus Möglichkeiten, die Würde alter Menschen zu wahren und ihre Fähigkeiten für die Gesellschaft nutzbar zu machen.

Zum Schluss bleibt zu hoffen, dass es uns in Zukunft gelingen wird, ältere Mitbürger besser zu integrieren. Dies ist auch dringend notwendig, denn bis zum Jahr 2050 wird laut einer Prognose der Zeitschrift „Geo" der überwiegende Anteil der Bevölkerung älter als 50 Jahre alt sein. Die über 60-Jährigen werden die größte Bevölkerungsgruppe bilden. Daher ist es von größter Wichtigkeit – wollen wir in einer gut funktionierenden Gesellschaft leben –, das Potenzial der Alten zu nutzen und sie nicht auszugrenzen.

Bel diesem Beispiel wird ein hoher Standard des Erörterns durch vielschichtiges sachliches Wissen erreicht. Die Verfasserin bezieht sich auf Presseveröffentlichungen und weiß über aktuelle gesellschaftliche Entwicklungen Bescheid. Man hätte erwartet, dass die Gliederung vom Speziellen zum Allgemeinen fortschreitet; die subjektive Anordnung der Gliederungsaspekte ist aber wegen der Gewichtigkeit der Argumente im individuellen Bereich überzeugend.

Anpassung

2 Anpassung ist notwendig – Anpassung ist gefährlich.
Nehmen Sie zu diesem Widerspruch kritisch Stellung.

Beispiel 1

A Konfrontation Jugendlicher mit dem Thema „Anpassung"
B Notwendigkeit und Gefahr von Anpassung
  I. Beweggründe für angepasste Verhaltensweisen
    1. Wunsch nach Gruppenzugehörigkeit
      a) Hilfe und Schutz
      b) Werte und Richtlinien
    2. Aufbau einer funktionierenden Gesellschaft
      a) Gemeinschaftsgefühl
      b) Regelwerk des Zusammenlebens
  II. Beweggründe gegen angepasste Verhaltensweisen
    1. Gefahr für den Einzelnen
      a) Gleichmacherei in Gruppen
      b) Abhängigkeit des Denkens
    2. Möglichkeit der Massenmanipulation
      a) Beeinflussbarkeit der Massen
      b) Machtbewusstsein
  III. Unterscheidung in äußere und innere Anpassung
C Instinkt des Menschen zur Gruppenbildung

Gerade im Prozess des Heranwachsens wird man mit der Frage konfrontiert, inwieweit eine Anpassung an vorherrschende Gruppen- und Gesellschaftsstrukturen notwendig ist. Gerade die jüngere deutsche Vergangenheit zeigt deutlich die Gefahren einer vollständigen Anpassung an die Masse. Auf der anderen Seite passt sich jeder von uns tagtäglich an. Warum dies so ist, soll im Folgenden untersucht werden.

Betrachtet man die Beweggründe für angepasstes Verhalten, so erkennt man, dass die Identifikation mit einer Gruppe einen hohen Stellenwert einnimmt.

Diese Gruppe kann die Familie, die Schulklasse oder die Belegschaft einer Firma sein. Jede noch so kleine Gruppe erfordert eine gewisse Anpassung und bietet ihren Mitgliedern Vorteile, die Außenseitern vorenthalten bleiben.

Der Zusammenschluss zu einer größeren Gruppe schafft Hilfe und Schutz für den Einzelnen. Für Kinder ist die Familie notwendig, um sich in der Welt, in die sie hineinwachsen, zurechtzufinden. Der Schutz, den sie im Familienverband finden, unterstützt ihre Entwicklung.
Auch in der Arbeitswelt müssen viele zusammenhelfen, um Probleme und Aufgaben zu lösen. Ein offensichtliches Beispiel ist die Arbeit am Fließband in einer Autofertigungsanlage. Arbeitsmarktforscher sprechen in dem Zusammenhang immer wieder von den Vorteilen von Teamarbeit und Kooperation.
Richtlinien und Werte, die dem Einzelnen helfen, sich in der Gesellschaft zurechtzufinden, können nur vermittelt werden, wenn Gruppierungen mit ähnlichen Interessen vorhanden sind. Eine auf gleiche Rechte und Pflichten ausgerichtete Erziehung, wie sie in der Schule wünschenswert ist, ist beispielsweise nicht möglich, wenn die Wertvorstellungen von Eltern und Lehrern unterschiedlich sind. Das Verständnis füreinander ist bei gleicher Wertegrundlage eher gegeben als bei einer Vielfalt von Anschauungen.

Auf einer solchen Identifikation mit den Werten der Gemeinschaft baut eine funktionierende Gesellschaft auf. Ein Staat sollte weniger die Bezeichnung für mehrere Millionen von Individuen, sondern die von einer Gruppe getragene Struktur sein, die beispielsweise auf den Grundlagen von gemeinsamer Kultur, Sprache und Geschichte beruht. Eine Gesellschaft kann also nur funktionieren, wenn ihre Mitglieder sich anpassen, Gemeinsamkeiten akzeptieren und betonen. Um das Zusammenleben organisieren zu können, sind Regeln und Gesetze notwendig, an die sich jeder anpassen muss. Man denke etwa an die Straßenverkehrsordnung.
Es kann nicht jeder nur seine eigenen Interessen durchsetzen wollen, wenn er nicht auch akzeptiert, dass andere ebenfalls Rechte haben. Die Anpassung an solche Strukturen ist eine Notwendigkeit, der sich niemand entziehen kann.

Dennoch dürfen die Gefahren, die aus Anpassung erwachsen, nicht übersehen werden.
Ein wesentlicher Aspekt ist die Auswirkung von vollständiger Anpassung auf das Individuum. Schwerwiegend ist dabei die Uniformität, die in gleich ausgerichteten Gruppierungen zu bemerken ist. Ob es sich um modische Kleidung, Rauchen oder Alkohol handelt, gerade Jugendliche haben oft nicht das Selbstbewusstsein, sich dem Gruppendruck zu entziehen und einen eigenen Geschmack zu vertreten. Jegliche Individualität, Kreativität und Abwechslung gehen verloren. Persönliche Erfahrungen, Gedanken und Gefühle sind für das Selbstverständnis und die Entwicklung des Individuums nötig. Unterordnung unter die Gruppe bedingt auch Abhängigkeit im Denken.

Wenn Menschen ständig fest in einer Gruppe eingebunden sind, haben sie manchmal Schwierigkeiten, eine eigene Meinung zu entwickeln und zu vertreten. Häufig zu beobachten ist dabei, dass der Einzelne sein Selbstbewusstsein nicht aus sich selbst bezieht, sondern aus der Gruppe. Damit vertraut er nicht sich selbst, sondern den Merkmalen und Strukturen einer Gruppe. Fällt dieser Halt weg, wenn man aus der Gemeinschaft ausgeschlossen wird, so ist man hilflos. Die gefährlichste Form dieser Abhängigkeit ist bei Sekten gegeben, wo bedingungslose Anpassung zum Verlust jeglicher Individualität führt. Im Extremfall wird den Mitgliedern sogar die Entscheidung über Leben und Tod genommen, was man an immer wieder vorkommenden spektakulären Gruppenselbstmorden sehen kann.
Beispiele aus der Geschichte zeigen, wie gefährlich eine völlige Unterwerfung unter von Gruppen diktierten Anschauungen sein kann. Es kann sogar so weit kommen, dass eine bestimmte Gruppe die Macht im Staat übernimmt und die Individualität der Bürger völlig auslöscht. In der Volksrepublik China wurden beispielsweise Einheitskleidung, Massenhochzeiten und die Ein-Kind-Familie vorgeschrieben. Es fand ein unvorstellbarer Eingriff in die Privatsphäre des Einzelnen statt. Im deutschen Faschismus wurden bereits die Jugendlichen in Gruppen wie der Hitlerjugend und dem BDM formiert und festen Denkmustern unterworfen. Dadurch wurden die Einzelnen, die sich kritiklos mit der Gruppe identifizierten, leicht beeinflussbar. Auch bei den Neonazis zeigt sich in erschreckender Weise, wie lenkbar die Menschen sind, die sich solchen Gruppierungen anschließen. Zusammengehörigkeitsgefühle steigern das Machtbewusstsein und den Machtanspruch einer Gruppe. Das Schlagwort „Gemeinsam sind wir stark" hat in dem Zusammenhang einen negativen Beigeschmack. Oft führt diese Haltung zu Feindbildern, Auseinandersetzungen und sogar zu Kriegen.

Zwar ist in jeder Gesellschaft eine gewisse Anpassung nötig, um in ihr leben zu können, dennoch muss man die Anpassung nach außen von der inneren unterscheiden. Es ist sehr gefährlich, sich selbst für die Identifikation mit einer Gruppe aufzugeben. Jeder sollte sich seiner Individualität bewusst sein und darauf vertrauen. Rücksichtnahme auf andere ist wichtig; dabei muss allerdings eine Einschränkung der eigenen Interessen in Kauf genommen werden.

Völlige Unabhängigkeit von der Gesellschaft ist niemals möglich, da es ein menschlicher Instinkt ist, sich in Gruppen zusammenzuschließen. Der Mensch ist nun einmal ein soziales Wesen. Eine Anpassung an eine Gruppe ist daher ganz natürlich und geschieht automatisch, ob nun dem Individuum Notwendigkeit und Gefahren bewusst sind oder nicht.

☺ ☺ ☺

Diese Arbeit ist klassisch und streng logisch aufgebaut. Das lässt sich schon an der symmetrischen Gliederung erkennen. Die Ausführung ist umfassend; sie beinhaltet interessante Gedanken und überzeugende Beispiele aus unterschiedlichen Bereichen, die von hoher Sachkenntnis zeugen. Die gewandte Ausdrucksweise trägt zur guten Lesbarkeit bei.

Beispiel 2

A Orientierung in der Welt während der Jugendzeit
B Notwendigkeit und Gefahr der Anpassung
  I. Anpassung ist gefährlich
    1. Abhängigkeit von anderen Menschen
    2. Verlust der eigenen Persönlichkeit
    3. Kein Entstehen von notwendiger Selbstliebe
    4. Verlust der eigenen Meinung
  II. Anpassung ist notwendig
    1. Bessere Aufstiegschancen im Beruf
    2. Vermeidung von Einsamkeit durch Gewinnung von Freunden
    3. Kein Entstehen von Egoismus und Eigennützigkeit
    4. Erfahren von gleicher Gesinnung
C Gleichgewicht zwischen Anpassung und Abgrenzung

Vom Kindergarten an bis zur höheren Schule und darüber hinaus im Beruf muss der Mensch die Erfahrung machen, dass er nicht nur nach seinen eigenen Prinzipien handeln kann und lernen muss, mit seinen Mitmenschen in Einklang zu leben. Er stößt immer wieder auf den Widerspruch, dass Anpassung einerseits gefährlich, andererseits auch notwendig ist. Besonders Jugendliche betrifft diese Frage in höchstem Maße, da sie meist in der Pubertät, der Zeit für die Orientierung des Menschen in der Welt, beantwortet wird und die Entscheidung für oder gegen Anpassung dann Auswirkungen auf das ganze Leben hat.

Zunächst wird der Jugendliche sehr bald merken, dass Anpassung gefährlich sein kann. Wenn er sich so stark auf seine Mitmenschen einstellt, dass er alles tut, was sie ihm sagen und immer auf ihre Befehle wartet, kann er sehr schnell von ihnen abhängig werden. So kommt es oft dazu, dass man nichts mehr unternehmen kann, ohne von anderen unterstützt zu werden.

Das führt zwangsläufig zu einer weiteren Gefahr, die die Anpassung in sich birgt: der Verlust der eigenen Persönlichkeit. Der Jugendliche tut das, was seine Mitschüler für „cool" halten, und versucht, auch wie sie zu denken. Diese Phase, die, wie allgemein bekannt ist, bei jedem Jugendlichen vorkommt, ist auch notwendig in der Entwicklung.

Allerdings muss der junge Mensch auch darüber hinwegkommen. Er muss erkennen, dass er, wenn er sich nur an anderen orientiert, seine eigene Persönlichkeit außer Acht lässt und keine persönliche Identität finden kann.

Hinzu kommt, dass er sich bei übermäßiger Anpassung nicht auf sich selbst besinnen kann. Der Jugendliche sieht nur auf das, was die anderen tun, und versucht, sie nachzuahmen. So kann er nicht sich selbst kennenlernen und, was am wichtigsten ist, sich selbst lieben lernen. Es ist absolut notwendig, dass ein Mensch in seiner Jugendzeit eine maßvolle Selbstliebe entwickelt, ohne die er seine Mitmenschen nie verstehen und lieben kann.

Eine weitere Gefahr der Anpassung ist der Verlust der eigenen Meinung, welcher eng mit der schon erwähnten Abhängigkeit von anderen zusammenhängt. Wenn der Jugendliche immer versucht, die Meinungen zum Beispiel von Erwachsenen anzunehmen, wird er nie lernen, sich seine eigene Meinung zu bilden. Das Entstehen der eigenen Meinung ist ein sehr wichtiger Schritt, den der Jugendliche in seiner Entwicklung machen muss. Ohne diesen gemacht zu haben, wird er sich nicht in der Welt orientieren können und, wie schon ausgeführt, in hohem Maße von den Mitmenschen abhängig bleiben.

Trotz all dieser gewichtigen Gründe, sich möglichst wenig an die Umwelt anzupassen, ist es dennoch notwendig, dass man auf seine Mitmenschen eingeht.

Ein recht nüchternes und trotzdem gewichtiges Argument dafür ist zunächst die Verbesserung der Aufstiegschancen im späteren Beruf. Der Jugendliche muss früh lernen, sich an die Menschen anzupassen und mit ihnen umzugehen, denn im Beruf wird er es sich nicht mehr leisten können, einfach stur nach seinem Willen zu handeln. Wenn er sich seinen Vorgesetzten nicht fügen kann, verliert er seine Arbeit. Um das zu vermeiden, muss bereits der Jugendliche lernen, sich selbst zurückzunehmen.

Bedeutender für den jungen Menschen ist jedoch, dass er durch Anpassung Freunde gewinnt. Für einen Jugendlichen in der Pubertät ist es sehr wichtig, gute Kameraden zu haben. Mit ihnen kann er über alles sprechen, was ihn bewegt, er kann aus ihrer Unterstützung Kraft schöpfen. Einsamkeit aber kann einen Menschen zerbrechen. Allerdings findet man keine Freunde, wenn man nur seinen eigenen Willen durchsetzen und nicht auf andere eingehen möchte. Aus diesem Grund ist es sehr wichtig, dass ein Jugendlicher sich anpasst. Ferner lernt er dabei, Egoismus und eigennütziges Denken in den Griff zu bekommen. Sein Blick wird auf die Mitmenschen gelenkt, auf ihre Leiden und Freuden. Indem er sich an sie anpasst, lernt er sie kennen und kommt nicht in Versuchung, nur an sich zu denken.

Der wichtigste Beweggrund, sich für ausreichende Anpassung zu entscheiden, ist jedoch die Erfahrung, dass die Mitmenschen sehr oft von gleicher Gesinnung sind. Es ist für einen Jugendlichen ein sehr aufbauendes Erlebnis, dieselben Nöte und Freuden zu haben wie viele andere. Er fühlt sich nicht mehr so fremd in der Welt, die Menschen sind keine Feinde, sondern Freunde geworden. Er merkt, dass alle die gleiche Aufgabe haben und sich, anstatt sich dauernd zu bekriegen, gegenseitig helfen können. Das wiederum ist nicht nur für den Jugendlichen persönlich, sondern – idealistisch gesehen – für den Frieden in der Welt essenziell.

Abschließend ist zu sagen, dass man sich weder vollständig für noch vollständig gegen Anpassung entscheiden sollte. Man muss sowohl an sich selbst als auch an andere denken. Zu starke Anpassung führt zum Verlust der Persönlichkeit, keine Anpassung zu Einsamkeit und Eigenbrötelei.

Bei dieser Arbeit fällt auf, dass zwar wesentliche Aspekte des Themas erfasst wurden, die Beispiele aber fehlen. Das führt dazu, dass nur Behauptungen aneinandergereiht werden können. Die Argumentation ist also unvollständig und daher nicht wirklich überzeugend. Ein weiterer Fehler besteht darin, dass die Synthese mit dem Schluss zusammenfällt. Dies mag zwar für Einsteiger noch angehen, in der Oberstufe gehört zu einer vollständigen dialektischen Erörterung neben These und Antithese die Synthese zum Hauptteil. Man sollte auch darauf achten, sich innerhalb der eigenen Argumentation nicht selbst zu widersprechen und Wendeargumente vermeiden, wie sie hier in I.3 und II.3 erscheinen. Gerade bei gesellschaftlich-philosophischen Themen sollte man vermeiden, den Leser belehren zu wollen.

Literarische Erörterung

Was müssen Sie über die literarische Erörterung wissen?

Bei der literarischen Erörterung gehen Sie im Prinzip wie bei der Problemerörterung vor. Auch hier gibt es eine lineare und eine dialektische Form, die jeweils aus der Fragestellung ersichtlich ist. Der Unterschied besteht darin, dass die Themen sich auf literarische Werke/fiktionale Texte und nicht auf politisch-gesellschaftliche Wert- oder Sachfragen beziehen.

Außerdem werden die eigenen Behauptungen nicht durch Beispiele, sondern durch Textzitate belegt. Korrektes Zitieren ist also eine wichtige Voraussetzung für eine gelungene literarische Erörterung.

Zusätzliche Anforderungen sind:

- genaue Lektüre des literarischen Werks,
- Kenntnisse zum Hintergrund des Werks,
- Anwendung von Fachbegriffen der Literaturwissenschaft,
- sinnvoller Einbau von Zitaten zum korrekten Nachweis der Argumente.

Vorsicht, Falle!

Die sechs häufigsten Fehler, die bei literarischen Erörterungen gemacht werden, sind:

- Der Aufgabentyp wird nicht klar erkannt, ein falscher Aufbau wird gewählt und nicht alle Aspekte der Aufgabenstellung werden erfasst.
- In der Gliederung werden die Argumente nicht nach ihrer Wichtigkeit geordnet; die Formulierungen sind uneinheitlich oder unverständlich; es fehlen Ober- und Unterpunkte.
- In der Ausarbeitung sind die Argumente nur wenig länger als in der Gliederung; die gedankliche Struktur wird nicht durch Absätze unterstützt.
- Die Zitierweise ist ungenau oder falsch; es wird nur mit indirekten Textverweisen gearbeitet.
- Es werden Pauschalurteile statt nachvollziehbarer Begründungen geliefert; Behauptungen sind nicht ausreichend am Text belegt.
- Es findet eine Identifikation mit einer der handelnden Personen statt, was zu emotional bedingten Fehlurteilen führt.

P. Süskind: Das Parfum

1 Erörterung nach einem Roman: Stellen Sie dar, inwiefern mit der Figur des Marquis de la Taillade-Espinasse der aufgeklärte Wissenschaftler karikiert wird.

Beispiel 1

A Vorstellung des Romans
B Literarische Erörterung über den Marquis als Karikatur des aufgeklärten Wissenschaftlers
  I. Wissenschaftler in der Aufklärung
  II. Inhalt des Romans
  III. Methoden und Einstellungen des Marquis
    1. Fehlerhafte Hypothesen
    2. Selbstbezogene Einstellung zur Religion
    3. Dubiose Vorgehensweise
  IV. Ziele des Marquis
    1. Falsches Fortschrittsstreben
    2. Erlangen von Ruhm und Einfluss
  V. Egozentrik
    1. Hervorhebung seines hohen Standes
      a) Verhalten gegenüber Grenouille
      b) gehobene Sprache
    2. Selbstverherrlichung
    3. Fanatismus für eigene Theorie
C Vergleich mit heutiger Wissenschaft

In seinem erfolgreichen Roman „Das Parfum" schildert Patrick Süskind das außergewöhnliche Leben des Jean-Baptiste Grenouille, einer der „genialsten und abscheulichsten Gestalten" (S. 5) seiner Zeit. Schauplatz ist Frankreich in der Epoche der Aufklärung. Auf seiner Reise macht Grenouille Bekanntschaft mit einem der zahlreichen Wissenschaftler dieser Zeit. Da Süskind jenen Charakter für den Leser jedoch eher belustigend und lächerlich erscheinen lässt, ist leicht festzustellen, dass diese Figur den aufgeklärten Wissenschaftler karikiert.

In der Aufklärung wurde die Vernunft ins Zentrum allen Denkens und Handelns gerückt. Während sich zunächst nur einige Philosophen mit jenem neuartigen Gedankengut beschäftigten, waren später immer mehr Menschen bestrebt, sich auf nichts als nur ihren Verstand zu verlassen. Man wollte die Geschehnisse in der Natur verstehen und vor allem erklären können. Dies bedingte ▸▸

einen gewaltigen Aufschwung in den Wissenschaften, den Europa etwa ab der Mitte des 16. bis zum Ende des 18. Jahrhunderts erlebte. Überall wurde „gefragt und gebohrt und geforscht und geschnüffelt und herumexperimentiert" (S. 74), was eine Reihe von Entdeckungen, wie beispielsweise der Schwerkraft und des Blutkreislaufs, ermöglichte. So konnten viele Vorgänge ganz rational erklärt werden, die vorher für Wunder gehalten worden waren. Deshalb standen sämtliche Aufklärer der Kirche kritisch gegenüber. Der Mensch sollte sich aus seiner Unmündigkeit befreien und den Mut aufbringen, seinen eigenen Verstand zu gebrauchen, denn die Vernunft, so meint Descartes, sei von Natur aus in allen Menschen gleich.

Auf einen solchen aufgeklärten Wissenschaftler trifft Jean-Baptiste Grenouille, nämlich auf den Marquis de la Taillade-Espinasse, einen „Lehensherrn der Stadt und Mitglied des Parlaments in Toulouse" (S. 177). Grenouille, der mit einer außergewöhnlichen olfaktorischen Begabung in Paris geboren wird und als ungeliebter Waise aufwächst, will, nachdem er sein Talent wahrgenommen hat, „der größte Parfumeur aller Zeiten" (S. 58) werden. Hierfür arbeitet er einige Jahre beim Parfumeur Baldini und macht sich dann auf den Weg nach Grasse, die „unumstrittene Produktions- und Handelsmetropole für Duftstoffe, Parfümeriewaren, Seifen und Öle" (S. 211), um weitere Methoden der Duftkonservierung zu erlernen. Da jedoch der Kontrast und damit die Barriere zwischen ihm und den übrigen Menschen wie bei fast allen Genies unüberwindbar groß ist, entwickelt Grenouille einen regelrechten Menschenhass. Dies wird ihm in der Einsamkeit der Wälder und Wiesen bewusst; er will „nicht mehr irgendwohin, sondern nur noch weg" (S. 150). Deshalb zieht er sich für sieben Jahre in eine winzige, entlegene Höhle zurück und lebt dort wie ein Tier. Nachdem er aber die für ihn grausame Entdeckung gemacht hat, dass er, der jeden noch so zarten Geruch „in seine kleinsten und entferntesten Teile und Teilchen" (S. 44) aufzuspalten vermag, sich selbst „um alles in der Welt nicht riechen" (S. 171) kann, bricht er von Neuem auf. Er will sich nun einen Eigengeruch schaffen, der letztendlich aus den abscheulichen Zutaten von 25 ausgewählten Jungfrauen besteht. Diese bringt er um, ringt ihnen ihre Düfte ab und komponiert sie schließlich zu einem einzigartigen, berauschenden Parfum. Als er dieses anwendet, kehrt sich seine eigene Erfindung gegen ihn und er wird von den Menschen im Rauschzustand zerrissen.

Als Grenouille nach sieben Jahren Höhlenleben die erste Begegnung mit Menschen erlebt, erschrecken diese vor seiner animalischen Erscheinung (vgl. S. 176). Er erregt ganz besonders die Aufmerksamkeit des Marquis de la Taillade-Espinasse, der sich auf die Erforschung der „Zusammenhänge zwischen Erdnähe und Vitalkraft" (S. 178) spezialisiert hat. Seiner Theorie zu Folge ist ein erdnahes Verwesungsgas namens „fluidum letale" für jeden organischen Zerfallsprozess verantwortlich, und „deshalb seien alle

Lebewesen bestrebt, sich durch Wachstum von der Erde zu entfernen" (S. 179). Der Marquis glaubt, an Grenouille eindeutige Kennzeichen einer „fluidum letale"-Verseuchung zu erkennen. Ganz wie die anderen Wissenschaftler seiner Zeit versucht er, durch genaue Beobachtungen und mathematische Berechnungen der Einzelfälle zu allgemeinen Naturgesetzen zu gelangen. Er untermauert seine Theorie durch scheinbar offensichtliche Zusammenhänge, die durchaus eine innere Logik aufweisen, wie dass Tiere und Pflanzen „ihre wertvollsten Teile himmelwärts" tragen: „das Korn die Ähre, die Blume ihre Blüte" (S. 179). Der Leser hat jedoch den Eindruck, dass die Ausführungen des Marquis die Tatsachen auf seine These zurechtschneiden. Außerdem fehlt dem Marquis letztendlich jegliche exakte Berechnung, seine Forschung beschränkt sich auf bloßes Gedankenspiel. Dadurch karikiert Süskind hier die Methoden der aufgeklärten Wissenschaftler.

Auch die Einstellung des Marquis zur Religion ist von der epochentypischen Kritik geprägt, die in seinem Ausspruch erkennbar wird, dass nur vor dem „fluidum letale" „allein alle Menschen gleich seien" (S. 201) und nicht vor einem Gott. Dieser Satz wirkt auf den Leser aber höchstens ironisch. Vielmehr scheint der Marquis eine eigene Religion gründen zu wollen, was selbstverständlich nicht im Sinne der Aufklärer war. Er sagt beispielsweise, er habe selbst „eine geradezu göttliche Tat" (S. 184) vollbracht. Auch ist später von Jüngern die Rede, die es sich zur Aufgabe machen, „ihrem Meister Taillade-Espinasse und seinem großen Fluidum zu huldigen" (S. 208).

Überhaupt ist das Gedankengut des Marquis eher eine Umkehrung der Ideale der Aufklärung. Die Philosophen wollten der Menschheit die Wahrheit über die Welt vermitteln; dabei spielte ihre eigene Ehrlichkeit natürlich eine bedeutende Rolle. Im Gegensatz dazu weist Taillade-Espinasses Vorgehensweise eine Fülle von Heucheleien und sogar angedeuteten Bestechungsversuchen auf. So will er Grenouille „ein gutes Stück Geld zukommen lassen" (S. 180), wenn jener sich bereit erkläre, eine von ihm erdachte „Ventilationstherapie in Kombination mit Vitaldiät" (S. 181) über sich ergehen zu lassen und als Versuchsobjekt und Ausstellungsstück zugleich zu fungieren. Hierfür muss Grenouille sich vor Publikum auch so benehmen, wie der Marquis es ihm zuvor angewiesen hat (vgl. S. 182).

Ebenso karikiert Süskind die Orientierung der Wissenschaftler an Nützlichkeit und Fortschritt für die Menschheit, indem er den Marquis unrealisierbare Versuche durchführen lässt. So will jener ein „animalovegetabiles Kreuzungsprodukt zur Milchgewinnung" (S. 178) züchten, was aber an den „enormen Kosten des hektoliterweise über die Felder versprühten Stiersamens" (S. 178), der dazu benötigt wird, scheitert. Dies und die Tatsache, dass er ökonomische Theorien aufstellt, die den Ärmsten am härtesten treffen „und ihn somit zur stärkeren Entfaltung seiner wirtschaftlichen Aktivitäten" (S. 178) zwingt, beweisen seine Lebensfremdheit. Er hat aufgrund seines Reichtums eine gesicherte Existenz und muss sich nicht mit den Problemen der Bevölkerung oder des Staates auseinandersetzen. Vielleicht soll dies eine Anspielung darauf sein, dass die damaligen Philosophen oftmals ausschließlich in ihrer eigenen Welt lebten und die alltäglichen Schwierigkeiten in ihren abstrakten Ideen kaum berücksichtigten. Außerdem drängt sich dem Leser der Eindruck auf, dass der Marquis sein Leben der Forschung nur verschrieben hat, weil dies eben gut zu einem frei denkenden Adligen passt.

Süskind überzeichnet hier die Tatsache, dass die Wissenschaft zu jener Zeit in gewisser Weise „in Mode" war. Der Marquis scheint ohnehin in erster Linie nicht an der Aufklärung des Volkes interessiert zu sein, sondern vielmehr an der gesellschaftlichen Anerkennung der eigenen Person. Seine wissenschaftlichen Vorträge sind nichts als Effekthascherei, was seine Anweisungen an Grenouille deutlich machen: Während er ihm vor der ersten öffentlichen Präsentation einschärft, sich nur mit „einem gepressten Röcheln" (S. 182) zu äußern, lehrt er ihn später „die nötigsten Posen, Gesten und Tanzschritte für den bevorstehenden gesellschaftlichen Auftritt" (S. 186), um die drastische Veränderung seines Gesundheitszustandes und damit die Wirksamkeit der Ventilationstherapie unter Beweis zu stellen, auch wenn Grenouille „sich kein bisschen anders als damals" (S. 185) fühlt.

Der Marquis setzt alle Mittel ein, um in der Öffentlichkeit ein vortreffliches Bild abzugeben. Man kann fast sagen, dass er die Wissenschaft nur zum Erlangen von Ansehen und Einfluss benutzt. Sein Verlangen nach Ruhm geht sogar so weit, dass er „eine Tournee durch das ganze Königreich" (S. 206) plant, auf der er sich und seine letale Fluidaltheorie auf Grenouilles Kosten feiern lassen will, was letztendlich am frühzeitigen Verschwinden des „Demonstrationsobjekt(es)" (S. 180) scheitert. Dennoch scheint er sein Ziel erreicht zu haben, da seine Theorie im ganzen Land Anklang findet (vgl. S. 206) und ihm vom begeisterten Publikum „es lebe Taillade-Espinasse" (S. 204) zugerufen wird. Von überallher kommen scheinbar Erkrankte, um sich von ihm helfen zu lassen; seine Anhängerschaft wächst (vgl. S. 206).

Der Ruhm steigert das ohnehin schon enorme Selbstwertgefühl des Marquis. Eitelkeit und Egoismus bilden einen weiteren Gegensatz zu den Idealen der Aufklärung. In dieser Epoche wird erstmals die Gleichheit aller Menschen deklariert, der Marquis jedoch lässt keine Gelegenheit aus, seine Außergewöhnlichkeit und seinen höheren Rang gegenüber Grenouille zur Geltung zu bringen. Als er das Geruchsgenie einmal „Bruder" nennt, setzt er sofort hinzu, „es handle sich dabei keineswegs um eine gesellschaftliche, sondern um eine rein spirituelle Anrede" (S. 201). Ansonsten ist ihm sein Werkzeug, „dieser kleine dumme Mensch" (S. 189), recht gleichgültig, was Süskind unter anderem durch die Wortwahl deutlich macht, die Grenouille wie einen Gebrauchsgegenstand erscheinen lässt. So heißt es zum Beispiel, der Marquis „packt ihn (…) wieder ein" (S. 182). Er gibt sich aber auch großzügig und schenkt ihm Geld. Dadurch betont er jedoch nur seine Vorrangstellung, da er durch diese Geste wie ein gütiger Vater oder Gebieter wirkt. Auch seine Sprache lässt keinen Zweifel an seiner edlen Herkunft zu. Er bedient sich vorzugsweise gehobener Ausdrücke – wie „anheischig" (S. 181) – und vereinzelter lateinischer Sentenzen, zum Beispiel „in conspectu universalitatis fluidi letalis" (S. 201). Der Marquis legt nicht nur Wert auf die Beachtung seines Ranges, er ist ganz allgemein sehr von sich selbst überzeugt. In seiner Einfältigkeit bemerkt er seine Egozentrik nicht und macht deshalb auch keinen Hehl aus ihr, er drückt sie sogar ganz offen in Sätzen – wie „ich bin von mir begeistert" (S. 184) – aus. Mit solcherlei Äußerungen will er nicht unbedingt angeben, vielmehr scheint er seine „Genialität" (S. 184) als eine für jedermann offensichtliche Tatsache anzusehen. Eben dies zeichnet einen Egozentriker aus. Süskind karikiert hiermit die Wissenschaftler, die sich bescheiden geben und von Gleichheit reden, sich aber eigentlich für die herausragendsten Persönlichkeiten halten.

Ebenso wie von der Unantastbarkeit seiner selbst ist der Marquis auch von seiner Theorie überzeugt. Ohne sich genötigt zu fühlen, Gegenthesen in Erwägung zu ziehen, will er sofort „die ganze zivilisierte Welt für seine Lehre" (S. 206) erobern. In seinem festen Glauben an das giftige „fluidum letale" bildet er sich ein, wirklich eine gesundheitliche Verbesserung zu verspüren, nachdem er auf Grenouilles Rat sein aus erdnahen Veilchen hergestelltes Parfum durch ein neues ersetzt hat. Er fühlt sich plötzlich „um etliche Jahre verjüngt" (S. 201). Wie jeder Mensch, der sich zu lange mit derselben Sache beschäftigt hat, kann er an nichts anderes mehr denken und richtet sein ganzes Leben nach der einen These aus. Dies führt unweigerlich zum Fanatismus, welcher im Roman eindeutig durch das seltsame Ende des Marquis zum Ausdruck kommt. In seinem Wahn will der „an der Schwelle zum Greisenalter stehende Mann" (S. 206) den höchsten Berg der Pyrenäen erklimmen, um sich mit dem Leben spendenden „ewigen Vitalfluidum" (S. 207) zu vereinen. Die Wissenschaftler werden hier äußerst satirisch als von Hirngespinsten befallene Verrückte dargestellt. Dass der Marquis nicht mehr ganz zurechnungsfähig ist, zeigt sich bei seinem Aufstieg, bei dem er sich alle Kleider vom Leib reißt „und laute Jauchzer" (S. 207) ausstößt. So findet er in der Eiseskälte – es ist kurz vor Weihnachten – den Tod. Trotz seines Verschwindens besteht seine Lehre weiterhin. Süskind schreibt, es gebe „noch heute (…) geheime Tailladistenlogen" (S. 208), womit er letztendlich auch die Menschen karikiert, die sich dem Fanatismus einzelner Personen anschließen und ihren eigenen Verstand nicht mehr gebrauchen. Gerade dieses Verhalten wurde in der Aufklärung kritisiert und sollte durch Anweisungen wie „sapere aude" beseitigt werden.

Patrick Süskind hat mit der Figur des Marquis de la Taillade-Espinasse eine umfassende Karikatur der Wissenschaftler des 17. und 18. Jahrhunderts erstellt. Vielleicht will er aber auch eine Parallele zur heutigen Zeit aufzeigen. Nur allzu gut passt der Satz des Parfumeurs Baldini – „(…) nichts mehr soll stimmen, alles soll jetzt plötzlich anders sein" (S. 74) – auf die heutige Lage der Wissenschaft. Er will wohl damit ausdrücken, dass die Menschen immer weiter nach Erkenntnissen suchen werden, ohne jemals zu einem wirklich gänzlich richtigen Ergebnis zu kommen, denn weder die Vernunft der Aufklärung noch die heutigen Methoden geben letztendlich vollkommen Aufschluss über unsere Welt.

Normalerweise gehören in eine Inhaltswiedergabe keine Zitate, denn der Verfasser soll zeigen, dass er den Text in eigenen Worten wiedergeben kann. Hierzu gibt es unterschiedliche Meinungen. In diesem Fall hat die Schülerin die Zitate geschickt eingesetzt und damit bewiesen, dass sie den Text verstanden hat. Nicht nur an der Inhaltsangabe sieht man, dass sinnvoll zitiert wurde, sodass trotz der vielen Zitate ein organischer Text entstanden ist. Hierzu tragen auch die Überleitungen bei. Insgesamt ist die Arbeit sprachgewandt und bietet eine sinnvolle Einführung in das Gedankengut der Aufklärung.

Beispiel 2

A Informationen zum Autor und seinem Werk
B Karikatur der aufgeklärten Wissenschaftler mit der Figur des Marquis de la Taillade-Espinasse
- I. Einbettung der Episode in den Gesamtzusammenhang
- II. Abriss über die Aufklärung
  1. Grundzüge der Aufklärung
  2. Geistesrichtungen
  3. Ziele
- III. Kurze Charakteristik des Marquis de la Taillade-Espinasse
- IV. Karikierende Elemente in der Figurendarstellung des Marquis
  1. Ziele
  2. Methodik
  3. Verhalten

C Kritik an Gutgläubigkeit

Patrick Süskind, der Autor des Romans „Das Parfum", macht aus sich und seinem Leben ein einziges großes Geheimnis. Vielleicht hat er, von seiner Haltung gegenüber der Öffentlichkeit inspiriert, diese geheimnisvolle Geschichte eines Mörders verfasst, die für ein einzigartiges Phänomen in der zeitgenössischen Literatur gehalten wird (vgl. Le Figaro, Paris).

Der Roman „Das Parfum" von Patrick Süskind handelt von dem olfaktorischen Genie Jean-Baptiste Grenouille, dem es durch eine einzigartige prometheische Tat (vgl. S. 304) gelingt, sich die Welt zu Füßen zu legen.

Am 17.7.1738 erblickt Jean-Baptiste Grenouille, ein sozusagen olfaktorisches Genie „par excellence", am stinkendsten Ort des gesamten Königreichs (vgl. S. 7), in Paris, das Licht der Welt. Seine Kindheit verbringt der Verwaiste bei einer Amme und später als niederer Arbeiter bei einem Gerber, wobei er diese Zeit „zäh wie ein resistentes Bakterium und genügsam wie ein Zeck (…)" (S. 27) verlebt. So besteht Grenouilles Interesse in jenen Tagen einzig darin, alle erdenklichen Gerüche, die Paris zu bieten hat, mit seiner unglaublich feinen Nase zu erfassen und gierig in sich aufzusaugen.

Mit etwa 15 Jahren beginnt er bei Giuseppe Baldini, einem der renommiertesten Parfümeure der Stadt, dessen Handwerk zu erlernen. „Denn er (besitzt) zwar in der Tat die beste Nase der Welt, (…) aber er (besitzt) noch nicht die Fähigkeit, sich der Gerüche dinglich zu bemächtigen" (S. 122). Als Geselle verlässt Grenouille schließlich das Haus Baldini. Nach sieben Jahren Einsamkeit auf dem Gipfel des Plomb du Cantal erreicht er völlig verwildert die Stadt Pierrefort. Dort fällt er, das seltsame „Waldwesen" (vgl. S. 177), dem Wissenschaftler Marquis de la Taillade-Espinasse in die Hände, der Grenouille sofort als Beweis für seine neueste Theorie missbraucht. Schließlich aber gelingt es dem geruchlosen Genie, in Grasse seinen fanatischen Plan in die Tat umzusetzen. Durch unendliches Raffinement und 25 Morde ist er im Stande, sich den göttlichen Funken zu ertrotzen, sodass ihm die ganze Welt zu Füßen liegt (vgl. S. 304). Nach der Rückkehr in seine Geburtsstadt wird das „geniale Scheusal" (S. 5) letztlich von einem Haufen Gesindel aus lauter Liebe aufgefressen (vgl. S. 320).

Inwieweit nun Patrick Süskind den aufgeklärten Wissenschaftler mit der Figur des Marquis de la Taillade-Espinasse karikiert, lässt sich im Grunde erst nach einem kurzen Abriss über die Aufklärung feststellen.

Grundanliegen dieser im späten 17. Jahrhundert beginnenden Epoche ist es, dem Menschen mithilfe der Vernunft zum „Ausgang aus seiner selbst verschuldeten Unmündigkeit" (Kant) zu verhelfen. Die Menschen sollen ihr Leben nach „vernünftigen" Grundsätzen ausrichten und nicht weiterhin dem abergläubischen Denken des Mittelalters anhängen. So lautet demnach der Wahlspruch der Aufklärung: „Sapere aude! Habe Mut, dich deines eigenen Verstandes zu bedienen!" Diese Zeit, in der man glaubte, die Welt durch Vernunft und Mathematik zu ergründen, erfährt eine gewisse Hochblüte im Bezug auf wissenschaftliche und philosophische Erkenntnisse.

Dennoch können verschiedene Geistesrichtungen beziehungsweise Methoden zu solchen Erkenntnissen führen. Descartes, ein Verfechter des Rationalismus, ist der Ansicht, dass die Wahrheit von der Erfahrung unabhängig und mithilfe eines analytischen Verstandes, also auf deduktivem Weg, erkennbar sei (Geschichte II, S. 221). Während der Rationalismus allein Denken und Konstruieren gelten lässt, betrachtet der Empirismus den Menschen nicht nur als denkendes, sondern auch als fühlendes und handelndes Wesen. So versucht zum Beispiel Isaac Newton auf induktivem Weg, also von der Beobachtung und der mathematischen Bestimmung des einzelnen Phänomens ausgehend, zu allgemein gültigen Gesetzen zu gelangen. Dann gibt es noch den Materialismus, dessen Begründer, Julien de la Mettrie, im Denken lediglich einen Ausdruck der Materie und den Menschen als komplizierte Maschine sieht. Trotz unterschiedlicher Methoden und Auffassungen verfolgen dennoch alle Wissenschaftler und Philosophen ein ähnliches Ziel, nämlich die Welt von Grund auf zu erforschen und zu durchdenken und somit auf existenzielle Fragen der Menschheit antworten zu können. Letzten Endes versucht jeder Philosoph, mit seinem Werk den Menschen ein Stück weit zu dienen.

Auch der Marquis de la Taillade-Espinasse zählt sich zu solch einer aufgeklärten wissenschaftlichen Größe. Er ist Lehensherr und Mitglied des Parlaments in Toulouse. Mit 40 Jahren wendet er sich vom Hofleben ab, um sich voll und ganz den Wissenschaften widmen zu können. Von diesem Zeitpunkt an stürzt sich der Marquis von einer Forschungsarbeit zur nächsten. So stammt aus seiner Feder zum Beispiel ein bedeutendes Werk über „dynamische Nationalökonomie" (S. 178), bei der die Ärmsten am schlechtesten leben sollen, um sie zur stärkeren Entfaltung ihrer wirtschaftlichen Aktivitäten zu zwingen (vgl. S. 178). Daran lässt sich erkennen, dass der Marquis trotz seiner Abwendung vom Hof mit dem Adel beziehungsweise mit dem König sympathisiert. Schließlich besitzt er ein überaus gesundes Selbstbewusstsein, das er bei der Publikmachung seiner jüngsten Theorie, die die Zusammenhänge zwischen Erdnähe und Vitalkraft beinhaltet, aufs Äußerste unter Beweis stellt.

Süskind nimmt nun sein Buch „Das Parfum" zum Anlass, um in einer Episode mit der Figur des Marquis de la Taillade-Espinasse ein teils ironisches, aber auch kritisches Zerrbild des aufgeklärten Wissenschaftlers zu geben.

Zunächst spielt der Autor auf die Ziele des aufgeklärten „Denkers" an. Das offensichtliche Bestreben des Marquis besteht ja darin, möglichst großen

Ruhm zu erlangen und darüber hinaus in der Öffentlichkeit berühmt zu werden. Denn warum sonst setzt er seine wissenschaftliche Arbeit „durch den Erfolg ermuntert" (S. 178) fort? Außerdem ist er sehr daran interessiert, das lebende Beweisstück seiner fluidum-letale-Theorie „möglichst (...) rasch einer gebildeten Öffentlichkeit zu präsentieren" (S. 180). Süskind weist somit auf die „schwarzen Schafe" unter den Philosophen hin, die es mit Sicherheit auch in Wirklichkeit gegeben hat, die ihre Arbeit nicht als Diener der Menschheit verrichtet haben, sondern um sich selbst daran zu bereichern.

Ein weiterer Aspekt, auf den Süskinds Augenmerk gerichtet ist, stellt die Methodik dar, mit deren Hilfe der Wissenschaftler zu seinen Erkenntnissen vorstößt. Wie schon angesprochen sind in der Aufklärung einerseits der Rationalismus, andererseits der Empirismus die zwei vorherrschenden Richtungen. Jedoch der Marquis scheint sich bei seiner Letalgastheorie keiner der beiden Methoden zu bedienen. Seine Theorie besagt nämlich, dass die Erde ein für alle Lebewesen gefährliches Verwesungsgas verströmt, das die Vitalkräfte lähmt, und daher alle Lebewesen bestrebt seien, sich von der Erde durch Wachstum zu entfernen (vgl. S. 179). Folglich wendet der Marquis weder seinen analytischen Verstand an, sonst würde er zu der Erkenntnis kommen, dass sämtliche für den Menschen notwendigen Grundnahrungsmittel, wie zum Beispiel Getreide, auf dem Boden wachsen, noch gelangt er zu seiner These durch Experimente. Vielmehr betrachtet er Grenouille im Nachhinein als anschauliches Beweismittel. Süskind möchte damit die seltsame Angewohnheit einiger Wissenschaftler karikieren, die darin besteht, irgendwelche Theorien oder Grundsätze ohne fundierte Beweisstücke aufzustellen, allein aus dem Grund, im Trend der Zeit zu liegen.

Um Süskinds Karikatur jedoch noch stärker zu unterstreichen, darf man das Verhalten des Marquis de la Taillade-Espinasse sicherlich keinesfalls außer Acht lassen. Zunächst spielt der Autor auf einen „Defekt" an, der auch unter aufgeklärten Philosophen sicher häufig aufgetreten ist: Viele dieser Leute sind zwar in der Lage gewesen, weltbewegende Erkenntnisse hervorzubringen, sowohl in wissenschaftlicher als auch in ethischer Hinsicht – wenn man nur an den Ausspruch „Freiheit, Gleichheit, Brüderlichkeit" denkt –, waren aber als Menschen nicht im Stande, nach diesen Grundsätzen zu leben. Dem heuchlerischen Marquis gelingt dies ebenfalls nicht. Er möchte Grenouille zwar angeblich an sein aufgeklärtes Herz drücken (vgl. S. 189), in Wirklichkeit aber betrachtet er Grenouille als einen kleinen dummen Menschen, als ein Häufchen Elend (vgl. S. 189), bei dem gewisse Einschränkungen angebracht sind (vgl. S. 200).

Eine weitere Schwäche des Marquis zeigt sich in seinem egoistischen Verhalten. Am Befinden seiner Mitmenschen hat er sehr wenig Interesse. Dagegen versucht er, alles zu ermöglichen, um seiner Theorie und somit sich selbst zu dienen. Deshalb muss Grenouille sich auch auf der Reise nach Montpellier in eine feuchte, mit Lehm und Erde durchtränkte Decke einhüllen (vgl. S. 180), um den Verseuchungsgrad mit dem „fluidum letale" möglichst im Idealzustand zu belassen (vgl. S. 180). Der Autor möchte hiermit gewisse Wissenschaftler der Aufklärung kritisch karikieren, die sämtliche Grenzen überschreiten, vor allem aber die zwischenmenschlichen Grenzen, nur um ihre eigenen Ziele zu verfolgen und durchsetzen zu können.

Mit diesem Verhalten sehr eng verbunden ist der Narzissmus, der Süskind nicht zuletzt zu einer Karikatur der aufgeklärten Wissenschaftler veranlasst hat. Der Autor verdeutlicht hierbei auf ironische Weise, dass die Wissenschaftler und Philosophen zum Teil so von sich und ihrem Wirken überzeugt gewesen sind, dass sie nicht erkannten, dass einerseits vielleicht noch bessere Personen auf ihrem Gebiet existierten, andererseits ihre Theorien womöglich falsch sein könnten. Selbiges trifft auf den Marquis de la Taillade-Espinasse zu, der sich so von seiner Genialität erschüttert zeigt, dass er seine unangezweifelte Theorie für eine wahrlich göttliche Tat hält (vgl. S. 184). Diese Selbstverherrlichung gipfelt allerdings in seiner „fluidalen" Großtat, bei der sich der an der Schwelle zum Greisenalter stehende Mann in 2800 Meter Höhe drei Wochen lang der frischesten Vitalluft aussetzen will, um dann als 20-jähriger Jüngling zurückzukehren (vgl. S. 207).

Abschließend möchte ich noch anmerken, dass Patrick Süskind mit seiner Karikatur an den aufgeklärten Wissenschaftlern vordergründig wohl nicht unbedingt harte Kritik an ihnen üben will, sondern vielmehr die Aufgabe an den Leser richtet, selbst die Augen offen zu halten und nicht immer sofort alles für bare Münze zu nehmen, auch wenn etwas aus dem Mund von einem noch so gelehrten Wissenschaftler stammt.

☺ ☹ ☹

Die Gliederung ist zum Teil wenig aussagekräftig und dadurch stellenweise unverständlich. Die Einleitung führt nicht zum Thema hin. Der Bezug zwischen Leben des Autors und Thema des Romans scheint konstruiert. Dieses Beispiel zeigt, dass gelerntes Wissen sinnvoll und dosiert angewendet werden sollte. Der Schüler will informiert erscheinen – daher gibt er mehr Quellen an, als er in seiner Arbeit erkennbar verwendet hat. Die Inhaltsangabe setzt beim Leser die Kenntnis des Romans voraus und ist daher stellenweise unverständlich. Die parodistischen Elemente bei der Darstellung des aufgeklärten Wissenschaftlers werden gut aufgezeigt; letztendlich wird die Themafrage also zufriedenstellend beantwortet. Achtung: Wortspiele und übermäßiger Fremdwortgebrauch allein machen eine Arbeit nie überzeugend.

M. Frisch: Homo faber

2 **Erörterung nach einem Roman: Walter Faber ist am Ende seines Berichts ein anderer als zu Beginn.**

Diskutieren Sie die Stimmigkeit dieser Aussage anhand geeigneter Einstellungen und Verhaltensweisen Fabers.

Beispiel

A Kurze Einführung zu Autor und Werk sowie Zusammenfassung der Handlung
B Fabers Einstellungen und Verhaltensweisen im Verlauf der Handlung
  I. Verhalten gegenüber Frauen und Mitmenschen
    1. Zunächst bewusste Abschottung gegenüber allen Menschen
    2. Später freiwillige Suche nach Kontakt
  II. Haltung zum Metaphysischen
    1. Erklärung der Welt durch Statistik und Wahrscheinlichkeit
    2. Am Schluss keine generelle Ablehnung einer überirdischen Instanz
  III. Verhältnis zur Natur
    1. Beruflich bedingte Ablehnung vor der Bekanntschaft mit Sabeth
    2. Positive Betrachtung der Natur nach der Bekanntschaft mit Sabeth
  IV. Einstellung zum Leben allgemein
    1. Rationalistische und einseitige Weltsicht vor der Cuba-Episode
    2. Zulassen von Gefühlen nach Cuba
  V. Beurteilung von Fabers Persönlichkeitswandel: kein völliger Wandel, Erhalt von Grundeinstellungen
C Einschätzung von grundsätzlichen Wandlungsmöglichkeiten eines Menschen wie Faber

Der Schweizer Max Frisch wurde am 15. Mai 1911 in Zürich geboren und starb dort am 4. April 1991. Er wurde durch Werke wie „Biedermann und die Brandstifter", „Andorra" oder „Stiller" bekannt. In dieser Arbeit soll es um den „Homo faber" gehen. Bei diesem Roman handelt es sich um die Auseinandersetzung Frischs mit dem Menschentypus des Technikers.

In Aufzeichnungen in einem Hotel in Caracas und kurz vor seiner wahrscheinlich aussichtslosen Operation in einem Athener Krankenhaus rekonstruiert der Ingenieur Walter Faber entscheidende Situationen und Ereignisse seines

Lebens. Eine Reihe von Vorfällen, die Faber immer als Zufälle abtut, wirft den Rationalisten aus der Bahn seines gewohnten, von Technik dominierten Lebens.

Auf einem Flug nach Caracas, den er in Ausübung seiner Funktion als Mitarbeiter der UNESCO macht, lernt er den Bruder eines Freundes aus seiner Jugendzeit kennen. Durch ihn gelangt er nach Guatemala, wo er seinen alten Freund tot auffindet, wodurch er jedoch kaum berührt wird. Dann aber verliebt er sich auf einer Schiffsreise nach Europa in ein kaum zwanzigjähriges Mädchen, Sabeth. Sie ist die Tochter von Hanna, die er vor 20 Jahren aus beruflichen Gründen verlassen hatte. Er macht sie in Unkenntnis seiner Vaterschaft zu seiner Geliebten und begleitet sie nach Italien und Griechenland, wo Sabeth tödlich verunglückt. In Athen bestätigt Hanna, die Faber dort antrifft, seine Vorahnungen, dass er der Vater des jungen Mädchens ist. Danach macht Walter Faber, in dessen Leben vorher Gefühle, Religion, alles Irrationale niemals Platz gefunden hatten, einen Wandel durch.

Im Folgenden soll nun erörtert werden, inwieweit er diesen Wandel tatsächlich vollzieht.

Anfänglich ist Walter Faber ein absoluter Einzelgänger. Er ist überhaupt nicht auf der Suche nach Bekanntschaft mit anderen Menschen, er schüttelt sogar jeden Versuch der Kontaktaufnahme anderer rigoros ab. Dies zeigt sich beispielsweise direkt zu Beginn der Handlung. Als ihm auf dem Flug nach Caracas sein Sitznachbar Zigaretten anbietet, lehnt er ab und raucht seine eigenen, nimmt seine Zeitung, seinerseits besteht „keinerlei Bedürfnis nach Bekanntschaft“ (S. 8). Er liebt das Schachspiel, da, wie Faber behauptet, „man Stunden lang nichts zu reden braucht (…) und es keineswegs unhöflich (ist), wenn man kein Bedürfnis nach persönlicher Bekanntschaft zeigt (…)“ (S. 23).

Im Bezug auf Frauen verhält Faber sich äußerst eigenartig. Er lehnt Heirat grundsätzlich ab (vgl. S. 7, 31, 33) und ist unfähig, Frauen gegenüber Gefühle zu zeigen. Er beendet das Verhältnis mit Ivy, weil er „nicht verliebt ist“ (S. 59). Seine Gefühllosigkeit dieser Frau gegenüber wird deutlich, als er sagt: „(…) und es ekelte mich ihre Zärtlichkeit, ihre Hand auf meinem Knie (…) es war unerträglich (…)“ (S. 62).

An anderer Stelle sagt er, dass „(…) drei oder vier Tage zusammen mit einer Frau (…) für (ihn) offen gestanden stets der Anfang der Heuchelei (…)“ (S. 91) sind. Im Verhältnis zu Frauen ist auch sein Drang, allein zu sein, deutlich zu erkennen. Alle Frauen sind für ihn gleichbedeutend mit Ivy, deren englischer Name mit „Efeu“ zu übersetzen ist. Er setzt sie also gleich mit einer Schlingpflanze, die ihn umfängt, einschnürt und so seiner Freiheit beraubt. Immer wieder fordert er: „Ich will allein sein!“ (S. 91).

Sein Wandel im Bezug auf Frauen beginnt, als er auf seiner Schiffsreise nach Europa auf Sabeth aufmerksam wird. Er findet sie „schön, aber nicht aufreizend. Nur sehr schön!" (S. 87). Später bezeichnet er dann auch seine Jugendfreundin Hanna als „noch immer sehr schön (...), ich meine liebenswert." (S. 79). Noch später, in Cuba, sucht er direkten Kontakt zu Frauen, als er sich einfach zu einem fremden Mädchen setzt und es anspricht (vgl. S. 179). Außerdem steht er jetzt dem Heiraten positiv gegenüber. Er ist sich sicher: „Ich werde Hanna heiraten." (S. 165).

Auch das Verhältnis zu den Südamerikanern ändert sich: Hat er sie früher nur als primitiv und unterentwickelt eingeschätzt, so spricht er jetzt von ihnen als „lauter schöne Mädchen, auch die Männer sehr schön, lauter wunderbare Menschen (...)" (S. 173). Mit ihnen möchte er nun Bekanntschaft machen. Ersichtlich wird dies, als er sich mit einem kleinen Schuhputzerjungen von sich aus über Automarken unterhält (vgl. S. 176).

Faber ist ein Rationalist. Für ihn ist das gesamte Leben nach Berechnung, Statistik und Wahrscheinlichkeit festgelegt. Das Unwahrscheinliche erklärt er sich als „Grenzfall des Möglichen" (S. 22) und als Zufälle. Er lässt „(...) das Unwahrscheinliche als Erfahrungssache gelten (...)", er braucht „Mathematik, keine Mystik" (S. 22). Kurz darauf verweist er auf Bücher, deren Titel seine Ansichten genau wiedergeben. Mystisches kann er nicht vertragen, da er „(...) mit beiden Beinen auf der Erde steht" (S. 47). Deshalb ist er auch kein „Spiritist und Baptist" (S. 80). Genauso wenig glaubt er als Naturwissenschaftler an Schicksal und Fügung. Daher rührt auch seine mangelnde Auseinandersetzung mit seiner eigenen Vergangenheit und seiner eventuellen Schuld am Inzest und am Tod seiner Tochter, denn er tut dies als „(...) eine ganze Kette von Zufällen" (S. 22) ab.

Ebenso hält er nichts von Religion. Er findet es geradezu eine Dummheit von den Mayas, aus religiösen Gründen ihre Städte zu verlassen und wegzuwandern (vgl. S. 44). Er verachtet Menschen wie den Künstler Marcel, der die „Götterfratzen" (S. 42) abzeichnet.

Aber auch in der Haltung zum Metaphysischen lässt sich eine gewisse Änderung feststellen. Allein die Tatsache, dass er sich im Gespräch mit Juana in Cuba nach ihrer Einstellung zu Göttern und Dämonen erkundigt, zeigt, dass er dieses Thema nicht mehr von Grund auf ablehnt (vgl. S. 180). Jedoch ändert sich nichts an seinem Glauben an die Statistik. Als Sabeth von einer Schlange gebissen wird, hält er Hanna einen Vortrag über Wahrscheinlichkeit, laut der „(...) die Mortalität bei Schlangenbissen nur drei bis zehn Prozent beträgt" (S. 135). Das gleiche Vertrauen in die Statistik lässt sich auch kurz vor seiner eigenen Operation feststellen, die laut Faber „(...) in 94,6 von hundert Fällen gelingt" (S. 164). Eine offene und ehrliche Auseinandersetzung mit seiner ▶▶

Vergangenheit vermeidet er infolge seines immer noch unerschütterlichen Glaubens an die Naturwissenschaften.

Walter Faber steht der Natur anfänglich scheinbar ziemlich gleichgültig gegenüber. Er sieht sie nicht als schönes Erlebnis, sondern sucht als Techniker sofort physikalische Erklärungen für Naturerscheinungen. Er sieht die Dinge, „wie sie sind" (S. 24), durch sein Kameraobjektiv, so zum Beispiel den Sonnenuntergang (vgl. S. 72), merkt dabei aber nicht, dass er dadurch eine eingeschränkte Perspektive hat. Der Mond ist für ihn „(...) eine errechenbare Masse, die um unseren Planeten kreist, eine Sache der Gravitation, interessant, aber wieso ein Erlebnis?" (S. 24). Die Natur ist für Faber „nicht phantastisch, sondern erklärlich" (ebd.). Deshalb beschreibt er Naturerscheinungen mit „technischem" Vokabular: „(...) und wo die Sonne sich spiegelt, glitzert es wie Lametta beziehungsweise wie Stanniol, jedenfalls metallisch (...)" (S. 18). Er muss als Techniker gegen die bedrohliche Natur ankämpfen; dies zeigt sich, als Regenfälle den kurz zuvor zerlegten Motor auf der Plantage der Henckes überfluten und Faber einen Tag lang alle einzelnen Bestandteil aus dem Schlamm zutage zu fördern versucht (vgl. S. 168). Der Mensch muss seiner Meinung nach auch Herr über die Natur werden, indem er ihr Fortpflanzung und Tod aus der Hand nimmt (vgl. S. 106). Deswegen steht er der Natur, besonders wenn er ihr trotz Technik schutzlos ausgeliefert ist, feindselig gegenüber. Er bezeichnet Sonne und Mond als „schleimig" (S. 34, 44). Mit der Zeit assoziiert er immer öfter in zwanghafter Weise Obszönes mit Naturerscheinungen, zum Beispiel, als er sich im Urwald von Mexico befindet: „Luftwurzeln (...) glänzten wie Eingeweide" (S. 69). Eine weitere grässliche Beschreibung der Natur liefert er auf Seite 68: „(...) Tümpel im Morgenrot wie Tümpel von schmutzigem Blut, Monatsblut, Tümpel voller Molche, nichts als schwarze Köpfe mit zuckenden Schwänzchen wie ein Gewimmel von Spermatozoen, genau so grauenhaft".

Erst in der Gemeinschaft mit Sabeth tritt ein neues Verhältnis Fabers zur Natur hervor. Er beschreibt sie nicht mehr wie früher mit technischem Vokabular und Obszönitäten. Vielmehr sieht er sie so, wie er es von Sabeth gelernt hat, ohne Kamera und ohne negativen Beigeschmack: „(...) das Meer, das zusehends dunkler wird, blauer, violett (...) die rote Farbe der Äcker (...)" (S. 152). Nach ihrem Tod bezeichnet er auf seiner Cuba-Reise nun den Mond als lila, nicht mehr als schleimig (vgl. S. 178). Auch regt ihn hier das Erlebnis von Wasser, Sonne und Wind zu neuen poetischen Ausdrucksweisen an: „(...) die grüne Palme ist biegsam wie eine Gerte, (...) die Gußeisen-Laterne, die zu flöten beginnt (...) (S. 181). Dass Faber der Wandel erlebnisfähiger gemacht und ihm einen tieferen, weil angstfreien Zugang zur Natur eröffnet hat, beweist sein letzter Flug über die Alpen. „Täler im Schräglicht des späteren Nachmittags, Schattenhänge, Schattenschluchten, die weißen Bäche drin, Weiden im Schräglicht, Heustadel, von der Sonne gerötet (...)" (S. 195).

Zu Beginn der Handlung ist Fabers Einstellung zum Leben klar ersichtlich. Für ihn zählt nur der Beruf; mit Gefühlen, Kunst oder Kultur kann er überhaupt nichts anfangen. „Ich bin nun einmal der Typ, der mit beiden Füßen auf der Erde steht" (S. 47) sagt er im Zusammenhang mit seiner Beziehung zu Hanna. Gefühle sind für ihn überflüssig, deshalb vergöttert er die Maschinen, denn sie haben „(…) keine Angst und keine Hoffnung, die nur stören (…)" (S. 75). Im Zusammensein mit Frauen müsste Faber Gefühle offen zeigen, was er aber nicht kann. Daher ist dies für ihn „stets der Anfang der Heuchelei" (S. 91). Romantische Stimmung kann er überhaupt nicht leiden (vgl. S. 90).

Menschen wie der Künstler Marcel handeln für ihn gänzlich unverständlich, da Faber überhaupt kein Kunst- und Kulturinteresse besitzt. Er kann nicht einsehen, warum Marcel „dafür seine Ferien hergibt, seine Ersparnisse, um Hieroglyphen, die niemand entziffern kann, nach Hause zu bringen" (S. 43). Dasselbe Desinteresse für Kunst zeigt er auf der Italienreise mit Sabeth: „Was mir Mühe machte, war lediglich ihr Kunstbedürfnis, ihre Manie, alles anzuschauen" (S. 107). Als Marcel vom „katastrophalen Scheinsieg des abendländischen Technikers" (S. 50) spricht und den American Way of Life kritisiert, bezeichnet Faber dies als „Künstlerquatsch" (ebd.) und nennt ihn verächtlich einen „Kommunisten" (ebd.). Faber kommt nur in einer technisierten Welt zurecht und glaubt, sich dort wohl zu fühlen. Daher ist auch seine Selbstentfremdung in Bezug auf seinen Körper zu erklären. Oft rasiert er sich (vgl. z. B. S. 10) und duscht: „Ich duschte mich von morgens bis abends (…)" (S. 38).

Nach dem Tod seiner Tochter Sabeth kann man bezüglich seiner generellen Einstellung zum Leben einen Wandel feststellen. Besonders deutlich wird dieser auf seiner Cubareise. Faber betrachtet andere Menschen positiv, er ist nun in der Lage, Gefühle und seine neu gewonnene Lebenslust offen zu zeigen. Er beschließt, „anders zu leben" (S. 173), und beginnt seinen früheren hektischen Lebensstil in Frage zu stellen: „Meine Unrast? Wieso eigentlich?" (S. 173).

Aus diesem Grund sieht er auch seinen Beruf in einem neuen Licht. Karriere bezeichnet er nun als Äußerlichkeit (vgl. S. 145f.). Er will kündigen, um nur mit Hanna zusammen sein zu können (vgl. S. 159). Diesen Entschluss setzt er wenig später auch in die Tat um (vgl. S. 197), während er Hanna doch in ihrer früheren Beziehung aus beruflichen Gründen verlassen hatte.

Mit völlig anderen Augen sieht er auf Cuba auch den American Way of Life als Symbol der neuen technisierten Welt. Er kann das „(…) Coca-Cola-Volk (…) nicht mehr ausstehen" (S. 175). Faber verabscheut jetzt die Hässlichkeit der Amerikaner, „(…) ihre rosige Bratwurst-Haut, gräßlich (…)" (S. 176). Schließlich gibt er sogar Marcel, der in Guatemala Amerika-Kritik geübt hatte, in einem Brief Recht: „(…) ihre falsche Gesundheit, ihre falsche Jugendlichkeit (…)

ihre Kosmetik noch an der Leiche, überhaupt ihr pornografisches Verhältnis zum Tod" (S. 177).

Sein steriles Verhältnis zu seinem Körper kann er jedoch nicht ablegen. Er fühlt sich immer noch oft unrasiert (vgl. z. B. S. 171 f.) und glaubt, keine Kontrolle über seinen Körper zu haben. Dieser Punkt verschärft sich noch, wenn er über den menschlichen Körper allgemein urteilt: „Überhaupt der ganze Mensch! – als Konstruktion möglich, aber das Material ist verfehlt: Fleisch ist kein Material, sondern ein Fluch." (S. 171)

Zusammenfassend kann man bestätigen, dass Faber einen Wandel durchmacht. Oft legt er aber nur einen Teil seiner Ansichten und Gewohnheiten ab, behält jedoch Grundeigenschaften und Einstellungen bei. Er ändert merklich seine Betrachtungsweise der Natur, sucht nach seinem Wandel Kontakt zu anderen Menschen und ändert seine generelle Lebenseinstellung: Er kann Gefühle zeigen, technische Betrachtungsweisen treten teilweise in den Hintergrund. Seine Haltung zum Metaphysischen und zur Religion beginnt er jedoch nur ansatzweise in Frage zu stellen. Fabers hat absolutes Vertrauen in die Statistik; deswegen setzt er sich nur oberflächlich mit seiner Vergangenheit und seiner Schuld auseinander. Glaube an Schicksal und Fügung sind weiterhin kaum erkennbar.

Man kann also keineswegs von einem vollständigen Wandel Fabers sprechen. Er ist am Ende des Geschehens ein anderer, auf keinen Fall aber völlig verändert. Außerdem liegt die Vermutung nahe, dass die vorher festgestellten Veränderungen in der Persönlichkeit Fabers mehr mit Todesangst als mit echter Erkenntnis zu tun haben. Ein totaler Wandel Fabers ist also unwahrscheinlich. Solch einen Menschen, der über Jahrzehnte nur seine eigenen Ansichten gelten ließ und der alles, was diesen widersprach, als Unsinn abqualifizierte, bringen auch so schwerwiegende Ereignisse, wie Faber sie durchleben muss, nicht mehr dazu, grundlegende Denkmuster zu ändern.

Diese Arbeit hat einen besonderen Aufbau: Die Argumente für bzw. gegen Fabers Wandlung werden in thematischen Blöcken abgehandelt. Dies hat seinen eigenen Reiz, birgt jedoch die Gefahr, das Ziel der Argumentation aus dem Auge zu verlieren. Am Ende muss man zu einem Urteil kommen. Genau das gelingt dem Verfasser des Aufsatzes sehr differenziert. Bemerkenswert ist ferner die organische Anbindung des Schlusses an die Synthese und die Weiterführung des Themas im Allgemeinen.

D Argumentierendes Schreiben

Was müssen Sie über das argumentierende Schreiben wissen?

Beim argumentierenden Schreiben geht es um Erörterungen, Kommentare oder Essays, die im Anschluss an die genaue Lektüre eines Sachtextes erfolgen. Das kann ein aktueller Bericht aus einer Zeitung, eine politische Rede oder auch eine Glosse sein. Da eine Glosse viele sprachliche Besonderheiten aufweist, ist sie als Textgrundlage sehr beliebt. Dazu kommt, dass Glossen oft Aktualität des Themas und Kritik an Zeitgeisterscheinungen vereinen. Es gilt, den Sachtext an sich zu würdigen und anschließend die dort vertretenen Thesen zu diskutieren.

Dies kann auf verschiedene Arten geschehen:

- Kommentar zu einem Sachtext
- Essay zu einem im Sachtext aufgeworfenen Problem
- materialgestützte Erörterung

In diesem Kapitel erfahren Sie mehr zur Textart Kommentar im Anschluss an eine Texterschließung. Danach können Sie Beispiele zum Essay lesen.

Der Kommentar enthält meist eine persönliche Stellungnahme zu einer aktuellen Frage. In einem guten Kommentar sollten der Hintergrund des Problems analysiert und die Meinung des Schreibers deutlich werden. Er soll die Leser dazu anregen, sich eine eigene Meinung zum Thema zu bilden.

Zuerst wird das Thema, das kommentiert werden soll, kurz angesprochen, dann folgen eine Erklärung der Zusammenhänge und eine Darstellung der Hintergründe aus der Sicht des Verfassers. Er bewertet also das Thema und begründet seine Meinung. Oft endet der Kommentar mit einer Schlussfolgerung, einer Kritik oder einer Empfehlung.

Diese Textsorte ist in einer gut verständlichen Sprache abgefasst. Als Stilmittel werden häufig Fremd- und Fachwörter, Bilder und ironische Wendungen eingesetzt. Ein Kommentar kann sachlich oder leicht aggressiv verfasst sein. Der Autor möchte, dass der Leser seines Kommentars ein Ereignis oder Entwicklungen besser versteht; er will seinen persönlichen Standpunkt verdeutlichen, die Meinung des Lesers beeinflussen und ihn zum Weiterdenken anregen.

Bearbeitung der Fragestellung

Wichtig ist, genau zu beachten, was in der jeweiligen Aufgabe tatsächlich verlangt ist. Sie ist immer auf den gegebenenText abgestimmt und muss nicht immer alle unten genannten Bestandteile enthalten. Die Aufgabenstellung kann verschiedene Varianten der Bearbeitung anbieten:

1. Zusammenfassung des Textinhalts/strukturierte Textwiedergabe;
2. Darlegung des Argumentationsaufbaus und der Gedankenführung;
3. Analyse sprachlicher und rhetorischer Mittel (wenn verlangt);
4. Herausarbeiten der Autorintention (wenn in der Aufgabenstellung verlangt);
5. kritische Bewertung/Kommentierung des vom Autor geäußerten Standpunkts.

Vorsicht, Falle!

Die sechs häufigsten Fehler, die beim argumentierenden Schreiben gemacht werden, sind:

- Die Aufgabenstellung wird nicht richtig analysiert; nicht alle Teile erscheinen in der Gliederung.
- Der Text wird missverstanden; die Kernaussage wird nicht richtig herausgearbeitet.
- Wichtige sprachliche Mittel (wie zum Beispiel Ironie) werden nicht erkannt.
- Die eigene Stellungnahme zu den im Text vertretenen Thesen ist für eine sachliche Auseinandersetzung, also beispielsweise eine materialgestützte Erörterung, zu polemisch.
- Der Kommentar oder Essay ist im Stil zu nüchtern und sachlich.
- Der Aufsatz ist unausgewogen, da dem Kommentarteil zu wenig Aufmerksamkeit geschenkt wird.

J. Kaiser: Was wird aus dem Wort?

1 **Untersuchen Sie den vorliegenden Text nach Inhalt, Aufbau und sprachlichen Mitteln. Kommentieren Sie anschließend die im Text aufgestellten Thesen.**

Joachim Kaiser: Was wird aus dem Wort?

Wie der Bierkonsum beim Münchner Oktoberfest diesmal nicht die Rekordhöhe des Vorjahres zu erreichen scheint, so ist auch von der Frankfurter Buchmesse Rückläufiges zu melden. Zwar werden 8300 Aussteller aus 90 Ländern zwischen dem 9. und 14. Oktober die Kojen füllen, aber die Zahlen der deutschen Messeteilnehmer liegen unter denen des Vorjahres.
Trotzdem signalisiert der völlig unübersehbare Frankfurter Bücherberg eine Hoch-Zeit der Druckbranche. Und auch die endlich erfolgte Nobelpreis-Ehrung der Nadine Gordimer dürfte das Auge der Öffentlichkeit wenigstens für einen Augenblick auf Literarisches lenken. Dabei darf freilich nicht übersehen werden, dass sowohl Buchmesse wie Nobelpreis-Verleihung von Politischem überschattet sind.

Wer aus alledem folgert, dass es bei großen Messen und gewichtigen Literaturpreisen nicht nur um Qualität geht, sondern um politisch-taktische Erwägungen, hat natürlich Recht. Nur ist die Krise, die Entleerung, die Privatisierung und „Instrumentalisierung", die der gebundenen Sprache, dem persönlichen und ausdrucksvoll gesetzten Wort, der literarischen wie theatralischen Kunst gegenwärtig widerfährt, damit wahrlich noch nicht bezeichnet. In einer Welt von Videotheken, Piktogrammen, flächendeckender TV-Kabelvernetzung und pfiffigen Comic-Heften wirkt das Beharren auf dem guten Ausdruck oder gar die Sorge um „Lese-Kultur" zunehmend sektiererisch. Wer sich über das Verlautbarungskauderwelsch von Politikern, den aussterbenden Genitiv oder die Reduktion des Lebens auf computergeeignete Ja/Nein-Entscheidungen Gedanken macht, hat mittlerweile etwas vom Sonderling. (…)

Aber unsere These von der allmählichen Auszehrung der Wortkultur ist gleichwohl nicht nur ein Anfall kulturpessimistischen Katzenjammers. Man kann das dort, wo Worte entscheidend wichtig sind und staatlich subventioniert ernstgenommen werden sollen, beobachten: nämlich auf unseren Schauspielbühnen.
Am Anfang dieses Jahrhunderts war es selbstverständlich, dass verantwortungsbewusste deutsche Bühnen die großen Chorpassagen in

griechischen Tragödien zu verstehen und darzubieten versuchten. Damit rechnet heute niemand mehr; diese Kunst ist ausgestorben wie die Falknerei, ist Spezialistensache. Mittlerweile geht es auf unseren Sprechtheatern nicht nur den Chören, sondern auch den Versen, also dem rhythmisch gebundenen gedichteten Deutsch, an den Kragen. Es ist eine Ausnahme, wenn Schauspieler noch Verse sprechen können, überpersönlich – statt alles in neutrale Konversationsprosa zu verwandeln. Noch gravierender: Die Regisseure verhalten sich weithin zu den großen Klassikern so wie die Griechen zu ihren Mythen. Aus dem gegebenen Mythos konnten Sophokles oder Euripides machen, was sie wollten. Der Fall Trojas, der Konflikt Antigones band sie an keine Kunstsprache. So, als wären alle diese Stoffe nicht von Shakespeare, Schiller, Goethe und den übrigen „Klassikern" in prägnante Kunstsprache übersetzt worden, halten fortschrittliche Regisseure sich nur noch an den Stoff, an den Plot. Mal sehen, was sich daraus machen, wie er sich in die Gegenwart transportieren, wie er sich aufmöbeln lässt. Was sich in alledem, vom Buchmesseskandal bis zur Klassiker-Umfunktionierung, spiegelt? Nun, eine Flucht vor der Sprachverantwortung, Lese-Unlust, Inhumanität – solange man die Sprache als Medium begreift, in dem Geistiges seiner selbst innewird.

Beispiel 1

A Die Bezeichnungen für Dinge und die daraus resultierende Bedeutung der Sprache

B Untersuchung und Kommentierung des Textes „Was wird aus dem Wort?" von Joachim Kaiser

- I. Zusammenfassung des Inhalts
- II. Struktureller Aufbau
- III. Verwendung sprachlicher Mittel im Textzusammenhang
- IV. Kommentar zu Kaisers These zum Sprachverfall
  1. Zunehmender Verfall der Sprachkultur
     - a) vornehmlicher Verkauf billiger Trivialliteratur
     - b) größere Bedeutung der „Bildung" in anderen Bereichen
     - c) Lese-Unlust bei Kindern
     - d) Schwierigkeiten von Schriftstellern
     - e) Grenzen der Sprache
  2. Aufrechterhaltung der Sprachkultur durch große Bedeutung der Sprache
     - a) Kommunikationsmittel und Ausdrucksmedium
     - b) Sprache als Heimat
     - c) Wesensmerkmal des Menschen

3. Verlust der Menschlichkeit und Veränderung der Gesellschaft durch Verlust der Sprachkultur

C Natur und Metaphysik der Sprache

In einem kurzen Aufsatz mit dem Titel „Der wahre Name" setzt sich Michael Ende mit der großen Bedeutung des Wortes, der Literatur und damit der Aufgabe der Schriftsteller auseinander. Das Erste, was Adam im Paradies tut, nachdem er von Gott eine lebendige Seele erhalten hat – so erklärt Ende –, ist, den Dingen, die er um sich hat, einen Namen, den wahren Namen zu geben. Er setzt sich damit zu den Dingen in Bezug, verschafft sich ein Weltbild, eine Wirklichkeit, in der er als Person leben kann. Das Namengeben ist also eine urmenschliche Fähigkeit; die Aufgabe des Schriftstellers ist es, dem noch Namenlosen Namen zu geben, mit den Worten zu spielen und Wirklichkeit zu schaffen durch wahre Namen, denn falsche Namen sind Lügen und verfälschen die Welt. Der Literatur sollte demnach große Bedeutung beigemessen werden, doch wie Joachim Kaiser in seinem Text „Was wird aus dem Wort?" darlegt, scheint die Sprache in unserer modernen Gesellschaft zusehends dem Verfall preisgegeben zu sein.

Kaiser vergleicht zunächst die Frankfurter Buchmesse mit dem Bierkonsum auf dem Münchener Oktoberfest und stellt fest, dass das Interesse an beidem nachzulassen scheint. Obwohl sich in Frankfurt die Bücher stapelten und die Druckbranche eine Hochkonjunktur erfahre, interessiere sich die Öffentlichkeit nur sehr befristet für Nobelpreisehrungen, die ohnehin nur politische Veranstaltungen seien.
Dem Autor zufolge steckt die Sprache in einer Krise: bei persönlicher als auch literarisch gebundener Ausdrucksfähigkeit. Angesichts moderner Unterhaltungsmedien wirke die Sorge um guten Ausdruck und Lesekultur zunehmend abwegig.
Im letzten Abschnitt seines Artikels führt Kaiser ein weiteres Beispiel für den Verfall der Sprachkultur an. Selbst auf Schauspielbühnen gingen Schauspieler und Regisseure nicht mehr verantwortungsbewusst mit Sprache um, sondern legten vor allem Wert auf den Inhalt und die Umsetzbarkeit in unsere Zeit. Zuletzt folgert Kaiser aus seiner Analyse der gegenwärtigen Situation, dass die Gesellschaft im Begriff sei, vor der Verantwortung für die eigene Muttersprache zu fliehen. Im letzten Satz bekräftigt der Autor noch einmal seine Position, dass Sprache ein Vehikel des Geistes sei.

Der Text ist logisch aufgebaut und in drei Abschnitte gegliedert. Zunächst wird das Problem der Lese-Unlust anhand der Situation auf dem Buchmarkt dargestellt und die These, wonach die Sprache in einem zunehmenden Verfall begriffen sei, formuliert. Im zweiten Absatz erläutert Kaiser die

Auswirkungen moderner Medien auf Sprachgebrauch und Literatur. Der dritte Abschnitt beschäftigt sich mit dem Sprachverfall im modernen Theater. Kaisers Gedankengang führt demnach über einige Beobachtungen zur Bestätigung seiner zu Beginn angedeuteten Vermutung und später formulierten These vom eklatanten Sprachverfall. Es deute alles darauf, dass mit diesem Verfall auch Menschlichkeit und Geisteskultur ihren Niedergang finden würden.

Zur Illustration und Unterstreichung seiner Argumentation wählt Kaiser einen sehr niveauvollen, teils ironisch angehauchten und von Neologismen geprägten Sprachstil. So bezeichnet er die mangelhaften Sprachkünste der Politiker als „Verlautbarungskauderwelsch" (Z. 21) und die Versuche der Schauspieler, Verse neu zu interpretieren, als „neutrale Konversationsprosa" (Z. 37 f.). Ironisch erscheint auch die dem Gedankengang eines Regisseurs nachempfundene Überlegung: „Mal sehen, (...) wie er (= der Stoff) sich aufmöbeln lässt." (Z. 45 f.).
Ferner verwendet Kaiser Bilder und Metaphern wie „Frankfurter Bücherberg" (Z. 6) und „ein Anfall kulturpessimistischen Katzenjammers" (Z. 26), um den Text lebendiger wirken zu lassen – und um seine eigenen Sprachkünste zu demonstrieren. Auch der letzte Satz, der die Sprache als Medium, „in dem Geistiges seiner selbst innewird" (Z. 49), beschreibt, klingt auffallend philosophisch, beinahe poetisch. Im Übrigen weist bereits die Überschrift des Artikels „Was wird aus dem Wort?" durch die zufällig erscheinende Alliteration auf Wortspielerei, Eloquenz und leichte Ironie hin.
Der gesamte Artikel erscheint zunächst seriös und logisch, gegen Ende hin jedoch zur Bestätigung auffordernd und appellativ: Es müsse etwas gegen den Sprachverfall getan werden.

Ist es wirklich wahr, dass die elaborierte Sprache in unserer Kultur in Gefahr ist, unterzugehen und einer primitiveren Variante weichen muss? Für diese Beobachtung lassen sich in der modernen Gesellschaft doch einige Indizien finden. So werden heutzutage tatsächlich Unmengen billiger Boulevardzeitungen, Romanhefte und Comics verkauft, die keinen literarischen Wert haben. Zudem wird der Inhalt eines Buches, so trivial er auch sein mag, oft höher bewertet als sein Sprachstil. Dazu passt, dass heute größere Anstrengungen auf anderen Wissensgebieten unternommen werden. Als Beispiel seien nur Computertechnik und Naturwissenschaften genannt. Bildung wird also ganz anders definiert als noch vor wenigen Jahrzehnten.

Auch bei Kindern ist eine zunehmende Lese-Unlust festzustellen. Computerspiele, Internetforen und Suchmaschinen haben das traditionelle Unterhaltungs- und Informationsmedium Buch beinahe schon abgelöst. Leseratten sind nur noch Außenseiter oder realitätsferne Intellektuelle. Schriftsteller haben heutzutage kein einfaches, nur der Literatur gewidmetes Leben zu erwarten. Oft müssen sie produzieren, was dem Verlag gefällt, und der Nachfrage entsprechend Bestseller schreiben. Freie Schriftstellerei ist beinahe nicht mehr möglich. Viele Menschen neigen außerdem dazu, ernste und kritische Werke eher zu meiden und Unterhaltung vorzuziehen, um den tristen Alltag zu vergessen. „Shades of Grey" statt „Faust", Pilcher statt Schiller, Weltschmerzliteratur statt Weltliteratur.

Letztlich stößt die Sprache oft auch an Grenzen, die von anderen Medien leichter überwunden werden können, beispielsweise von Bild und Musik. Wo das Wort unfähig ist, Emotionen und geistig-seelische Dimensionen auszudrücken, kann die Musik noch bis zu tieferen Schichten vordringen und Unsagbares ausdrücken. Je nach Lebensalter und Interessenlage erreichen die Töne von Pop-Ikonen oder Vertretern der klassischen Musik den Menschen leichter als das gedruckte Wort.

Andererseits: Die Sprache mag demnach vielfach gefährdet und bedroht sein, doch letztendlich ist sie ein so bedeutender Bestandteil des menschlichen Lebens, dass sie unmöglich verkümmern und sich zu einem Primitivverständigungsmittel zurückentwickeln wird. Allein zur täglichen Kommunikation ist die Sprache unerlässlich, eine gute Ausdrucksweise ist von Vorteil. Es gibt genügend niveauvolle Tageszeitungen, Essays und Belletristik, die nach wie vor sprachlich überzeugen. Am Beispiel von Dennis Scheck sieht man, wie sich Unterhaltung und literarischer Anspruch in einer Sendung miteinander verbinden lassen.

Wie die Exilliteratur im Zweiten Weltkrieg gezeigt hat, ist die eigene Sprache für viele Menschen so viel wert wie das tägliche Brot – geistige Nahrung im wahrsten Sinn des Wortes. Zur Aufgabe der Muttersprache gezwungen, begingen viele Schriftsteller sogar Selbstmord, wie etwa Stefan Zweig. Für solche Menschen war sprachliche Qualität lebenswichtig.

Sprache ist ein Wesensmerkmal des Menschen und unterscheidet ihn vom Tier. Mit Worten jonglieren und spielen, das bedeutet Freiheit und Ausdrucksmöglichkeit für jeden Einzelnen, was durch nichts zu ersetzen ist. Die differenzierte, wortreiche Sprache ist es, die den Menschen dazu befähigt, zu denken und kreativ zu sein, sich auszudrücken und zu dem zu werden, was er wohl sein soll. Ein Verkümmern der Sprache würde ein Verkümmern der menschlichen Intelligenz bedeuten. Deshalb ist es sehr wichtig, schon bei Kleinkindern die Sprachentwicklung zu fördern, um einen Kaspar-Hauser-Effekt zu vermeiden.

Die Frage nach der Zukunft der Sprache kann nicht ohne die Frage nach der Zukunft des Menschen gestellt werden. Die Gesellschaft würde sich mit dem Verlust der Ausdrucksfähigkeit stark verändern und wichtige Aspekte des Menschseins aufgeben. Da diese Veränderungen nicht unbedingt wünschenswert erscheinen, sollte alles getan werden, um dem bereits einsetzenden Sprachverfall entgegenzuwirken. Insofern sollte man einen Autor wie Joachim Kaiser in seinem Kampf gegen die Windmühlen des Sprachverfalls unterstützen.

Sprache ist ein vielschichtiges Thema. Sie trägt zur Identifikation bei und schließt gleichzeitig aus; sie definiert Gesellschaftsschichten und ermöglicht die Kommunikation zwischen allen Menschen. Es gehört zur menschlichen Kultur, dass die Sprache Entwicklungen unterworfen ist. Aber selbst wenn Politiker weiterhin schlechte Redner bleiben und Werbeslogans nicht von hohem Sprachniveau zeugen müssen, wird die Sprache in ihrer Bedeutung bestehen bleiben.

Die Arbeit erfüllt alle an diese Textart zu stellenden Kriterien und ist der Themenstellung entsprechend aufgebaut. Sie beweist ein hohes gedankliches Niveau; Allgemeinwissen und Kenntnisse zu Literatur und Sprache werden geschickt eingebaut. Der Stil des Aufsatzes ist gut lesbar. Besonders hervorzuheben ist vor allem die gedankliche Tiefe im Kommentarteil, verbunden mit pointierten Formulierungen.

Beispiel 2

A Definition der Sprache

B Untersuchung und Kommentar von „Was wird aus dem Wort?“ von J. Kaiser
- I. Inhaltliche und sprachliche Analyse des Textes
- II. Kommentierung des Textes und der Bedeutung der Sprache
  1. Rückgehende Bedeutung der Sprache in unserer Zeit
  2. Bedeutung der Sprache für Emigranten und Exilanten
  3. Bedeutung der Sprache in der Literatur nach dem Zweiten Weltkrieg

C Wichtigkeit der Sprache für alle Menschen

Der Begriff „Sprache“ umschließt viele Bereiche. Dazu zählen nicht nur die gesprochenen und geschriebenen Wörter, auch der Körper ist über seine Gestik, Mimik, Haltung oder Stellung im Raum ein wichtiges Ausdrucksmedium und stellt so Beziehungen zu seiner Umwelt her.
Kommunikation nimmt eine wesentliche Stellung in unserem Leben ein; dennoch scheinen sich die Qualität der Sprache und das Interesse an ihr in unserer Zeit zurückzubilden. Diese These vertritt der Autor J. Kaiser in seinem Text „Was wird aus dem Wort?“

In der Einleitung wird deutlich, dass die Buchmesse in Frankfurt rückläufige Zahlen aufweist. Ebenso sind derartige Messen oder auch Nobelpreis-verleihungen nach seiner Meinung von der Politik beeinflusst. Folglich zählt heute nicht mehr nur die Qualität der Literatur, sondern auch die angewandte Taktik, die an den politischen Bereich angrenzt.

Allerdings ist das nicht die einzige Ursache für den Rückgang der künstlerisch angewandten Sprache. Die vielen Einflüsse der Medien, seien es die Video- und Fernsehangebote oder die Computersprache, lassen die Qualität des Geschriebenen sinken. Es gibt nur noch wenige, die sich um die Erhaltung der Lesekultur kümmern. Deswegen werden sie in unserer Gesellschaft als Sonderlinge eingestuft. Die Verringerung der Fähigkeit des Umgangs mit der Sprache beschränkt sich nicht nur auf die geschriebene Literatur, sondern breitet sich ebenso auf Theater und Choraufführungen aus. So hat sich die Kunst der Darstellung griechischer Tragödien im Vergleich zum Anfang des 20. Jahrhunderts beinahe vollständig zurückgebildet. Eine ähnliche Entwicklung widerfährt der Fähigkeit, Verse kunstvoll vorzutragen. So bedienen sich die Schauspieler inzwischen hauptsächlich der „neutralen Konversationsprosa“. Noch schwerwiegender ist, dass die modernen Regisseure kaum noch auf die Kunstsprache, sondern vor allem auf den Inhalt des Stücks Wert legen. Da J. Kaiser die Sprache als Medium versteht, in dem sich der Geist offenbart, bedeutet für ihn diese Entwicklung einerseits eine „Flucht vor der Sprachverantwortung“, andererseits verdeutlicht sie das abnehmende Interesse am Umgang mit der Sprache und somit auch mit anderen Menschen.

J. Kaiser verwendet in seinem Text viele Hypotaxen. So bringt er viele Gedanken in einem Satz unter, wodurch der Leser unauffällig von einem Thema zum nächsten geleitet wird. Erklärungen bestimmter Ausdrücke dienen dem leichteren Verständnis (vgl. Z. 35 f.). Mithilfe von Aufzählungen (vgl. Z. 18 f.) kann der Autor viele Aspekte ansprechen und den Text dadurch abwechslungsreich gestalten. Eine ähnliche Funktion nehmen die verwendeten Beispiele ein (vgl. Z. 41 ff.). Sie unterstützen die bildhafte Darstellung und die genaue Erläuterung der Thesen. Indem der Autor wertende Ausdrücke gebraucht (vgl. Z. 14), kann er die Meinung des Lesers gut lenken. Zahlen und Daten machen den Text glaubwürdig (vgl. Z. 3 f.). Neue Wortzusammensetzungen dienen der Lebendigkeit und dem guten Verständnis der Argumente (vgl. Z. 6). Die abschließende Frage und die nachfolgende Antwort stellen zugleich eine Zusammenfassung der wichtigsten Gedanken des Textes dar.

Im Titel „Was wird aus dem Wort?" wird schon auf die zentrale Aussage des Textes hingewiesen. Die Menschen weichen vor dem künstlerischen Gebrauch der Sprache immer weiter zurück. Indem ihr Interesse von anderen Dingen wie den Medien in Anspruch genommen wird, verlieren sie langsam auch die Fähigkeit, ihre Gedanken gestalterisch darzulegen. So sinkt die Sprachqualität, die Lese-Unlust nimmt zu. Die Menschen sind auch nicht mehr bereit, die Verantwortung für ihren eigenen Sprachgebrauch zu übernehmen. Es wird ersichtlich, dass für viele Menschen heute die Sprache an Bedeutung verloren hat. Dennoch leisten nur die wenigsten dagegen Widerstand. Die meisten nehmen die vorherrschende Situation hin und lassen sich vom sinkenden Interesse an der Sprachkultur mitreißen. Somit verlernen sie auch die Fähigkeit, diese Verhältnisse zu kritisieren oder zu hinterfragen. Sie nehmen also teil am einheitlichen Gebrauch der Sprache. Dabei vergessen sie, dass dieses Medium zugleich ein Ausdruck ihrer eigenen Identität und Persönlichkeit ist; und dennoch entziehen sie sich nicht den gegebenen Einflüssen.

Zu anderen Zeiten hatte die Sprache auch eine völlig andere Bedeutung: Für die Exilanten und Emigranten während des Zweiten Weltkriegs war sie von großer Wichtigkeit. Der Sprachverlust erschwerte vor allem den Schriftstellern ihre Situation. Denn nur in der eigenen Sprache ist es möglich, mit den Feinheiten derselben zu spielen. In Übersetzungen kann der eigene Stil des Autors nicht so gut zum Ausdruck kommen. Deshalb hatten die Autoren, die ins Ausland geflüchtet waren, mit vielen Schwierigkeiten zu kämpfen, denn die Sprache bedeutete für sie die Lebensgrundlage.
Auch in der Literatur nach dem Zweiten Weltkrieg nahm die Sprache einen großen Stellenwert ein. Deutlich wird das zum Beispiel in der Kahlschlag- oder Trümmerliteratur. Dieser Begriff wurde vor allem von Heinrich Böll geprägt, der die Sprache als Möglichkeit ansah, die Vergangenheit aufzuarbeiten. Die Schriftsteller wollten die Wirklichkeit, die von den Erfahrungen des vorangegangenen Krieges geprägt war, darstellen. Die karge Sprache diente hierbei als Ausdrucksmittel. Die Autoren schrieben das nieder, was sie sahen. Ebenso nahm Sprache eine große Bedeutung bei der Nullpunkt-Diskussion ein. Nun galt die Sprache als Mittel des Neuanfangs. Paul Celan drückt die große Bedeutung der Sprache nach dem Krieg mit folgenden Worten aus: „Erreichbar, nah und unverloren blieb inmitten der Verluste dies eine: die Sprache."

Insgesamt gesehen ist die Sprache wichtig für alle Menschen. Viele sind sich dessen nur nicht bewusst. Die Sprache ist der Vermittler zwischen der Welt, den Menschen und den Dingen. Mit ihrer Hilfe schafft sich jeder Mensch eine eigene Identität. Dennoch sollte sich der Einzelne auch der Verantwortung bewusst sein, die er anderen Menschen gegenüber trägt. Denn Worte können auch verletzen. Deshalb sollte die Sprache kontrolliert verwendet werden, um die Beziehungen zu anderen nicht zu zerstören.

Die Verfasserin dieser Arbeit weiß sehr viel; allerdings gelingt es ihr nicht, die gefundenen Gesichtspunkte zu einer überzeugenden Analyse zusammenzufügen. So werden Textinhalte zusammenhanglos aneinandergereiht und die einzelnen Gedankenschritte des Sachtextes von Kaiser nicht gewichtet. Es entsteht eine Auflistung von Einzelaspekten. Auffällig ist auch, dass die Sprachanalyse ohne direkte Zitate „auskommt". Der Kommentar wird seiner Aufgabe nicht gerecht; der Leser wird zwar informiert, ein eigener Denkprozess wird allerdings nicht in Gang gesetzt, weil die Formulierungen zu nüchtern sind.

C. Nürnberger: Ein Bild von einem Kind

INFO In diesem Kapitel geht es darum, einen journalistischen Text zum Thema „Kindererziehung heute" zu untersuchen. Dabei liegt der Schwerpunkt auf der Auseinandersetzung mit den Ideen, die der Autor zu einer gesellschaftlich relevanten Erscheinung, einem Zeitgeistproblem, entwickelt. Danach wird gezeigt, wie man

1. eine Erörterung nach einem Sachtext angeht;
2. eine oder mehrere Thesen des Autors kommentiert.

Bei solchen gemischten Themenstellungen sind die genaue Erfassung des Verlangten und das Verstehen der Aufgabenstellung ganz besonders wichtig.

2 **Fassen Sie den Zeitungsartikel von Christian Nürnberger in Bezug auf seine Kernaussagen zusammen und zeigen Sie seine Argumentationsstruktur auf.**

Variante 1: Erörtern Sie anschließend die im Text aufgeworfene Problematik der Kindererziehung, indem Sie die Thesen kritisch bewerten.

Variante 2: Nehmen Sie den Text zum Anlass für einen Kommentar zum Thema „Kindererziehung".

Christian Nürnberger: Ein Bild von einem Kind

Manche Eltern loben ihren Nachwuchs für den größten Mist. Das ist zwar nett, führt allerdings dazu, dass die Kinder noch mehr Mist machen.

Jenny und Theo kriegen viel zu viel Lob von mir. Praktisch für nichts. Ich lobe sie am Morgen, ich lobe sie am Mittag, ich lobe sie am Abend und vor dem Schlafengehen noch einmal, obwohl Jenny und Theo nichts, aber auch gar nichts können oder tun, was über das normale Hunde- und Katerkönnen oder die normale Hunde- und Katertätigkeit hinausgeht. Ich lobe sie für ihre bloße Existenz, wie ich zuweilen Gott lobe, wenn ich ausnahmsweise mal mit seiner Schöpfung einverstanden bin. Die Schöpfung wird dadurch kaum besser, aber die Lobhudelei der Tiere kann ich wärmstens empfehlen. Sie gedeihen prächtig und funktionieren problemlos.

Der Kater fängt Mäuse, wie sich's gehört, hält die Stube rein, verbringt viel Zeit an der frischen Luft, lässt sich in der Ablage meines Schreibtischs häuslich nieder. Er schnurrt gemütlich zu mir herüber und löst höchstens mal während meiner Abwesenheit im Büro durch einen gekonnten Sprung auf die ▶▶

Computertastatur einen Befehl aus, der das Druckerfach leert. Die Hündin bewegt sich mit mir ohne Leine souverän durchs größte Verkehrsgewühl, fällt keine Leute an, bellt nicht unnötig und benimmt sich überhaupt wie die Absolventin einer Elite-Hundeschule. Sie war aber nie auf so einer Schule, ist auch wenig erzogen, sondern eigentlich immer nur gelobt und geliebt worden, auch dann, wenn es nichts zu loben gab.
Aber warum lobe ich eigentlich meine Kinder so wenig? Und warum macht es mich so aggressiv, wenn Eltern ihre Kinder dauernd über den grünen Klee loben? Weil ich vor lobenden Eltern als pädagogischer Versager dastehe, der sein Getier mehr lobt als seine Kinder? Weil mich vielleicht das schlechte Gewissen beschleicht, dass ich meine Kinder gar zu wenig liebe?

Alle Pädagogen bläuen einem ein, dass man seine Kinder bestätigen, motivieren, fördern, loben soll, damit sie Selbstvertrauen und ein gesundes Selbstbewusstsein entwickeln. Aber bei meinen heute 13 und 16 Jahre alten Kindern geizte ich mit Lob von Anfang an. Und mit Tadel und Kritik war ich schnell bei der Hand, zunächst wohl eher unreflektiert. Aber dann kam es zu diesen Nachmittagen und Abenden, an denen man mit anderen Eltern und deren Kindern zusammensitzt, in der Hoffnung, dass die Kinder miteinander spielen und die Erwachsenen jenen großen Gesprächsbedarf befriedigen können, den junge Paare mit kleinen Kindern haben.
Die Hoffnung wurde zunichte gemacht von Gastkindern, die mit einem selbst gemalten Krikelkrakelbild ankamen und überschwänglich gelobt wurden. Weil sie so gelobt wurden, zogen sie glücklich ab, malten noch ein Krikelkrakelbild und noch eins und noch eins und wurden ein ums andere Mal gelobt, als kündeten ihre Machwerke vom Heranwachsen neuer Picassos, Mirós und Rembrandts. Zwischendurch hatten sie Hunger und Durst, obwohl man zuvor zu Tisch gesessen hatte, aber da hatten sie weder etwas essen noch trinken können.
„Unsere Kinder sind halt sehr spontan“, lobte die Mutter, während ihr vor Rührung schmelzender Blick auf ihren Geschöpfen ruhte. Dann brach ihre fünfjährige Tochter spontan einen sehr lauten Streit mit den anderen Kindern vom Zaun, und die Mutter sagte bewundernd über ihren „kleinen Wildfang“: „Anna kann manchmal wahnsinnig impulsiv sein.“ Ihr jähzorniger Bruder zerdepperte eine Vase und wurde gelobt für seine „Power“ und sein durchsetzungsstarkes „Ungestüm“, das ihn schon jetzt für eine spätere Führungsposition qualifiziere. Anna klinkte sich ins Gespräch der Erwachsenen ein, unterbrach diese impulsiv nach fast jedem Satz und wurde von der stolzen Mutter als hochinteressanter Gesprächspartner immer wieder einbezogen. Wie interessant Annas Beiträge wirklich waren, konnte aber niemand beurteilen, weil unterdessen ihr durchsetzungsstarker Bruder wegen eines blutenden Knies mit höllischem Geschrei augenblicklich alle Aufmerksamkeit auf sich zog und man sowieso sein eigenes Wort nicht ▶▶

mehr verstand. So verging der Nachmittag, und so verging der Abend, ohne dass die Erwachsenen je die Chance gehabt hatten, mal zehn Minuten am Stück ein Gespräch miteinander zu führen.
Von jenem Tag an gewöhnte ich mir an, meine Kinder gelegentlich mit den Augen fremder Erwachsener zu sehen, also kritischer, distanzierter, darum manchmal mehr tadelnd als lobend und gelegentlich in die Schranken weisend. Hat es ihnen geschadet? Ich kann keine negativen Spätfolgen entdecken. Hat den gelobhudelten Kindern die kritiklose Bewunderung ihrer Mutter genützt? Ich habe diese Kinder samt Mutter leider aus den Augen verloren.

Meine 16-Jährige kam soeben von einem sechsmonatigen Amerika-Aufenthalt zurück. An der Schule, die sie dort besuchte, herrscht der Geist des „Think positive". Es wird gelobt, gefördert, motiviert. Es gibt kaum ein Wort der Kritik. Anfangs hat meiner Tochter das gut gefallen, es hat ihr auch geholfen, rasch die Unsicherheit zu verlieren. Aber im Lauf der Zeit habe es sie „zunehmend genervt", sagt sie, denn auch jeder unqualifizierte Redebeitrag wurde ins Positive gemünzt und mit Beifall bedacht. Eigentlich ging es bei den Wortmeldungen nur darum, wieder einmal gelobt zu werden. Im Unterricht gab es keine Unterschiede zwischen herausragenden und nur mäßigen Leistungen, in den Zeugnissen zur Überraschung der immerzu Gelobten jedoch schon.
Natürlich ist Loben prinzipiell besser als Nörgeln, Schweigen oder gar Verprügeln. Und natürlich gibt es immer noch allzu viele Kinder, die nie ein Mut machendes, aufbauendes Wort des Lobs oder der Bestätigung erhalten. Trotzdem braucht das Lob den Tadel und die Kritik. Ohne gelegentliche Kritik beraubt man die Kinder der Chance, eine der wichtigsten Gaben zu erwerben, die es gibt: die Gabe der Unterscheidung. Ohne Kritik lernt kein Kind das Gute vom Schlechten zu trennen, das Gute vom Bösen, das Schöne vom Hässlichen. Ohne ein ausgewogenes und differenziertes Verhältnis von Lob und Tadel lernt man kein differenziertes Denken, und es fällt schwer, das Gute vom weniger Guten, das Bessere vom Besten zu unterscheiden.
Kinder, die mit einem Krikelkrakelbild daherkommen, wollen zwar gelobt werden, möchten aber ab einem gewissen Alter auch gezeigt kriegen, wie sie ihr Bild verbessern können. Doch das kostet den Erwachsenen Mühe und Zeit, also lobt er das Kind lieber schnell weg ins Kinderzimmer, damit es dort das nächste Bild fabriziert. Dieses lieblose Lob, das Kindern aus purer Bequemlichkeit oder Routine immer nur sagt, wie super, cool, toll sie seien, verhindert deren Entwicklung und macht sie zu Geschöpfen, die ständig zwischen Größenwahnsinn und existenzieller Unsicherheit pendeln. Gedankenlos gelobte Kinder gewinnen keine Maßstäbe, erwerben kein Gespür für die Unterschiede zwischen einem von ihnen gedeckten Tisch, sozialem Engagement, einem Sieg beim Tennismatch und dem ▸▸

Einser-Abitur, zwischen einem freundlichen Wesen, Empathie oder einem aufrichtigen Charakter.

Loben und Tadeln ist eine Kunst. Beides muss zur richtigen Zeit, richtig dosiert, mit den richtigen Worten geschehen. Eigentlich ist das eine in Europa seit mindestens 2000 Jahren bekannte Binsenweisheit, die aber offensichtlich vergessen wurde oder zu selten zur Anwendung kommt. Wie sonst soll ich mir erklären, dass der Handwerker, der gepfuscht hat, sich majestätsbeleidigt fühlt, wenn ich mich über seinen Pfusch beschwere? Warum schneiden deutsche Autos bei den jährlichen Pannentests des ADAC regelmäßig um so viel schlechter ab als japanische Autos? Hängt es vielleicht damit zusammen, dass in der japanischen Erziehung gedrillt und gezwiebelt wird, während hierzulande viel Wert auf die kreative Entfaltung, aber wenig Wert auf Genauigkeit gelegt wird? Vielleicht hat es auch etwas mit der Abschaffung des Faches Schönschreiben zu tun und der allenthalben vorhandenen Bereitschaft, Halbgares, Unfertiges und schlampig Hingerotztes zu akzeptieren. Das wäre noch hinnehmbar, wenn dann wenigstens die Patentstatistik der „kreativen Deutschen" haushoch über der Statistik der „gedrillten Japaner" stünde. Tut sie aber nicht.

Die Steigerung des Lobs ins Groteske erleben wir im Fernsehen. Da tritt täglich der Moderator aus dem Dunkel ins Rampenlicht, und das Publikum im Studio trampelt vor Begeisterung mit den Füßen und johlt und klatscht so ekstatisch, als sei der Messias erschienen. Fehlendes Qualitätsbewusstsein ist vermutlich die schlimmste politische, gesellschaftliche und wirtschaftliche Folge der Allgegenwärtigkeit von Lobhudelei und Abwesenheit von Kritik. Dass das Seichte der Quotenbringer und das Anspruchsvolle der Quotenkiller ist, dass Kitsch, hässliche Möbel und Fastfoodketten höhere Umsätze erzielen als Kunst, schöne Möbel und gute Restaurants, das alles liefert einen starken Hinweis für die Vermutung, dass es in Elternhäusern und Schulen zu viel Lob, zu viel Gleichgültigkeit, zu wenig Kritik gibt. Kann sich das der im globalen Wettbewerb stehende Wirtschaftsstandort Deutschland leisten?
Nicht einmal die Kunst bleibt davon verschont. „An das Nichtmalenkönnen werden, seit es eine eigene Kunstform geworden ist, immer höhere Anforderungen gestellt", hatte dazu einst der Publizist Siegfried Kracauer bemerkt. Vermutlich hatte der Dichter und Zeichner Robert Gernhardt diese feine Bosheit im Sinn, als er schrieb, dem Achtzigerjahre-Werk von Georg Baselitz könne man „monumentale Einfachheit oder schlichte Unbedarftheit nachsagen", und man dürfe raten, wofür er, Gernhardt, sich entscheide. Immer, wenn er bei seinen regelmäßigen Besuchen im Frankfurter Städel an Baselitz' großem „Adler" vorbeikommt, sehe er zugleich den Maler vor sich, „wie er mit seinem fertigen Bild zu seiner Bezugsperson läuft" und stolz verkündet: „Georg hat Gackgack malt!"

Anerkennend streiche ihm die Bezugsperson über den Kopf, „als auch schon die unvermeidliche Frage kommt: Und was soll Georg jetzt malen? „Mal doch noch einen Gackgack!“ – „Au ja!“

aus: Süddeutsche Zeitung, 16. Februar 2007

Beispiel 1 – zum Hauptthema plus Themenvariante 1

A Öffentlicher Fokus auf Erziehungsthemen durch Fernsehsendungen

B Untersuchung und Erörterung des Artikels „Ein Bild von einem Kind“ von Christian Nürnberger

- I. Zusammenfassung der Thesen Nürnbergers und Aufzeigen seiner Argumentationsstruktur
  1. Übertriebenes Lob als ungeeignete Erziehungsmethode
  2. Mangelnde Urteilsbildung bei Kindern durch unpassende Erziehung
  3. Fehlendes Qualitätsbewusstsein bei Kindern durch falsche Erziehung
- II. Kritische Beurteilung der Thesen Nürnbergers
  1. Fehlender Beweis der Spätfolgen von zu viel Lob
  2. Überzeugendes Argument mit unpassendem Beispiel zum Problem der Leistungsfähigkeit
  3. Zutreffendes Argument zum Thema mangelndes Qualitätsbewusstsein

C Nürnbergers Artikel als Beitrag zu einer werteorientierten Erziehung

Vor einigen Jahren war plötzlich wieder das Thema „Erziehung“ in aller Munde. Auslöser war ein TV-Format namens „Die Super-Nanny“. Darin besuchte eine Diplompsychologin vorwiegend sozial schwächere Familien, in denen die Eltern schwere Probleme mit der Erziehung ihrer Kinder hatten. Diese Sendung hatte immense Einschaltquoten, da die Supernanny durch Aufsehen erregende Erziehungsmethoden, wie die „stille Treppe“ oder die „Wuthöhle“, von sich reden machte. Doch sind solche Erziehungsmethoden angemessen oder eher kontraproduktiv?

Glücklicherweise beschäftigen sich mit dem essenziellen Thema der Erziehung unseres Nachwuchses nicht nur die privaten Fernsehanstalten Deutschlands. Auch der Journalist Christian Nürnberger behandelt in seinem Artikel „Ein Bild von einem Kind“ das Thema Kindererziehung. Dieser Artikel soll im Folgenden untersucht und die dort aufgestellten Behauptungen erörtert werden.

Nürnberger beginnt seinen Artikel nicht mit der Erziehung von Menschenkindern, sondern erzählt zuerst von der Erziehung seiner Haustiere. Obwohl sein Hund und seine Katze sich nur artgemäß verhielten und keineswegs besonders begabt seien, lobe er sie pausenlos. Diese Art der Erziehung funktioniert laut Nürnberger bei Haustieren problemlos. So stellt sich der Autor die Frage, warum man sie nicht auch bei Menschen anwende, denn obwohl Pädagogen zum Motivieren und Bestätigen der Kindern rieten, lobe er seine Kinder eher weniger und kritisiere mehr. Ganz anders würden andere Elternpaare verfahren. Sie seien trotz der bescheidenen Fähigkeiten ihrer Kinder voll des Lobes und redeten deren unpassende Verhaltensweisen schön. Der Journalist stellt diese Art der Erziehung jedoch in Frage, da er bei seinen eigenen Kindern, die er immer objektiv zu beurteilen versucht habe, keine Spätfolgen seiner Erziehungsmethode entdecken könne.

In einem zweiten Argument führt Nürnberger die Erfahrungen seiner Tochter an einer amerikanischen Schule an. Dort habe man großen Wert auf die Motivation der Kinder gelegt; dies habe sie nach kurzer Zeit als unangenehm empfunden, da die Qualität von Leistungen nicht differenziert betrachtet, sondern alles als gut bezeichnet wurde. Dadurch verlieren die Kinder selbst die Gabe der Unterscheidung und werden in ihrer Urteilsbildung beeinträchtigt, so Nürnberger.
Als weiteres Beispiel führt der Autor die Kinder an, die zwar für ihre künstlerischen Leistungen gelobt werden wollen, aber auch eine ehrliche Kritik wünschen. Eltern falle es oft schwer, den eigenen Nachwuchs zu kritisieren. So entwickelten die Kinder keine echten Maßstäbe.
Ein konkretes Beispiel für die Folgen dieser verfehlten Erziehung sei die schlechtere Qualität deutscher Autos gegenüber japanischen, deren Erzeuger in den Genuss einer äußerst strengen Erziehung gekommen seien. Letztendlich stehe Kreativität über Sorgfalt, leider führe das aber auch nicht zu besseren Ergebnissen.

Der nächste Gedanke, der die falschen Erziehungsmethoden kritisiert, bezieht sich auf das fehlende Qualitätsbewusstsein der Deutschen. Das werde vor allem in Fernsehshows sichtbar, in denen ein Moderator mit grundlosen Begeisterungsstürmen empfangen wird, bevor er etwas geleistet hat. Nicht nur im Fernsehen sei das Anspruchslose generell erfolgreicher als das Qualitätvolle, sondern auch in den Bereichen Kunst, Wohnen und Essen. Dies wird abschließend am konkreten Beispiel eines modernen Künstlers verdeutlicht, dessen Bilder mit denen eines kleinen Kindes verglichen werden. So kehrt der Autor zu seinem ursprünglichen Gedanken vom Kind, das für Banalitäten gelobt wird, zurück.

Der erste Gedanke Nürnbergers, dass viele Eltern das Verhalten ihrer Kinder kritiklos gut finden, erscheint zwar im Ansatz gut, jedoch werden keine klaren Schlüsse daraus gezogen. Zwar stimmt es sicherlich, dass Eltern ihre Kinder durch eine rosarote Brille betrachten, doch das heißt noch lange nicht, dass es den Kindern tatsächlich massiv schadet, übermäßig gelobt zu werden. Ganz im Gegenteil: Schüchterne Kinder können gar nicht genug gelobt werden.
Das zweite Argument aber, welches darstellt, wie Kinder durch ständiges unterschiedsloses Lob ihre Unterscheidungs- und Urteilsfähigkeit verlieren, ist dagegen absolut stichhaltig. Nur durch die richtige Dosierung von Lob und Tadel kann Kindern der Unterschied zwischen Gut und Böse, Richtig und Falsch, Wichtig und Unwichtig beigebracht werden. So weit zu gehen und die deutsche Automobilindustrie zu verunglimpfen, ist aber angesichts der Umsätze der letzten Jahre unangebracht. Der deutsche Erfindungsreichtum ist weltweit immer noch angesehen; nicht umsonst werden deutsche Wissenschaftler gern vom Ausland abgeworben. Die von Nürnberger gebrachten Beispiele eignen sich also nicht, die mangelnde Qualität deutscher Erziehung zu belegen.

Wiederum überzeugend ist das dritte Argument, das das Qualitätsbewusstsein der Deutschen kritisiert. Tatsächlich triumphiert auf vielen Gebieten das Anspruchslose. Die Quoten von absolut niveaulosen Sendungen wie „DSDS" oder „Dschungelcamp" sind rekordverdächtig, während anspruchsvolle Sendungen aufgrund niedriger Einschaltquoten mitten in der Nacht ausgestrahlt werden. Auch der Siegeszug von Fastfood, speziell bei Kindern, verdeutlicht das schlechte Qualitätsbewusstsein der Deutschen. So wie Eltern ihren Kindern gegenüber kritiklos sind, sind sie es auch beim Essen und geben daher ein schlechtes Beispiel für ihre Sprösslinge ab.

Abschließend kann man sagen, dass die Aufmerksamkeit, die das Thema „Erziehung" durch Fernsehformate wie etwa „Die strengsten Eltern der Welt" bekommt, positiv zu beurteilen ist. Jedoch geht es hier hauptsächlich um hohe Einschaltquoten, sodass der Inhalt eher trivial und sensationsheischend präsentiert wird. So hat sich kürzlich auch die Supernanny von ihren früheren Methoden distanziert. Viel bessere Anstöße, die Erziehung der eigenen Kinder zu überdenken, bekommt man durch den Artikel von Christian Nürnberger, der die Probleme von Erziehungsmethoden auf witzige Weise anspricht und eine Förderung der Kritikfähigkeit bei Kindern fordert. So kann man nur hoffen, dass sich in Zukunft mehr Eltern einer urteilsbildenden und Werte vermittelnden Erziehung anschließen.

Die Aufgabenstellung wird in allen Punkten erfasst und erfüllt. Der Verfasser arbeitet die Hauptthesen gut heraus und verzichtet auf überflüssige Details und Beispiele. So wird auch die Argumentationsstruktur des Artikels verdeutlicht.

Im Erörterungsteil orientiert sich der Verfasser sehr konkret an den aufgestellten Thesen des Zeitungsartikels und wahrt dadurch den Textbezug; er entwickelt aber auch in ausreichendem Maße eigene Gedanken.

Beispiel 2 – zum Hauptthema plus Themenvariante 2

A Entwicklung der Kindererziehung im 20. Jahrhundert
B Untersuchung und Kommentierung des Artikels „Ein Bild von einem Kind" von Christian Nürnberger
  I. Zusammenfassung der Thesen und Aufzeigen der Argumentationsstruktur
    1. Stellenwert von Lob in der Erziehung
    2. Mangelnde Urteilsbildung als Folge falscher Erziehung
    3. Fehlender Maßstab für Qualität
  II. Kommentar zu Nürnbergers Glosse
    1. Lob und Bestätigung als wesentlicher Bestandteil der Kindererziehung
    2. Verhaltenskorrektur als Notwendigkeit für ein sinnvolles Sozialverhalten
C Castingshows als Beweis für mangelnde Selbsteinschätzung

Im Laufe des 20. Jahrhundert hat sich in Sachen Kindererziehung einiges verändert. Bis in die 60er-Jahre waren Strenge und Schläge üblich, um den Kindern Ordnung und Disziplin beizubringen. Mit der Hippiebewegung, die die Werte innerhalb der Gesellschaft stark veränderte, kamen auch neue Theorien zur Kindererziehung auf. Man wollte die Sprösslinge mehr loben, ihre Entwicklung fördern und sie früh eigene Entscheidungen treffen lassen oder – laut einer der radikalsten Theorien – ganz ohne Verbote und Regeln groß werden lassen, um die Entwicklung zum eigenständigen Individuum nicht zu stören. Auch heute gibt es verschiedene Meinungen, was die Kindererziehung angeht. Christian Nürnberger beschäftigt sich in seiner Glosse vor allem mit der Frage, ob undifferenziertes Lob Kindern schaden könne. Sein Artikel soll im Folgenden zusammengefasst und kommentiert werden.

Zuerst berichtet Nürnberger von der Erziehung seines Hundes und seiner Katze, die er viel und grundlos lobt, die sich aber trotzdem oder gerade deshalb gut entwickeln und ganz normale Tierleben führen. Überleitend fragt der Autor sich, warum er seine Kinder weniger als seine Tiere lobt und ob zu viel Lob sich nicht auch schlecht auf den Nachwuchs auswirken könne. Als erstes Argument führt der Autor an, dass er seine Kinder immer weniger lobe als andere Eltern und er trotzdem keine Nachteile für ihre Entwicklung erkenne. Dazu nennt er ein Beispiel von einem Ehepaar, das jedem Verhalten seiner Kinder etwas Positives abgewinnen kann.

Seine nächste These ist, dass Kinder durch zu viel grundlose Bestätigung nicht lernen würden, zwischen guten und schlechten Verhaltensweisen zu unterscheiden. Ein Beispiel dafür ist eine amerikanische Schule, an der jeder Schüler ständig positiven Zuspruch bekomme, viele aber am Schuljahresende über schlechte Noten enttäuscht seien. Außerdem glaubt der Autor, dass viele Eltern ihre Kinder nur loben, weil es ihnen zu anstrengend ist, den Söhnen und Töchtern Verbesserungsvorschläge zu machen und sie dadurch zu fördern. Der Autor sieht seine Meinung von zu viel Lob in der deutschen Erziehung darin bestätigt, dass andere Länder, in denen Kritik und Tadel zum Alltag gehören, wirtschaftlich im Aufschwung sind.
Ein weiteres Argument Nürnbergers ist, dass zu viel Lob zu mangelndem Qualitätsbewusstsein führe. Als Beispiel führt er die kritiklose Begeisterung gegenüber Moderatoren von TV-Shows an. Zum Schluss vertritt der Autor noch die These, dass auch viele moderne Künstler maßlos überschätzt werden, weil sie nur bessere Kinderbilder malen würden.

„Die Menge macht's“: Das gilt nicht nur in der Medizin, sondern auch in der Kindererziehung. Nürnberger behauptet in seinem Artikel, dass er keine Nachteile erkennen könne für seine Kinder, die er weniger gelobt habe als andere Eltern. Natürlich muss man sagen, dass es immer auf die Art des Lobes und der Kritik ankommt und darauf, wie sie vermittelt wird. Gleichzeitig ist sicher, dass Kinder, die von ihren Eltern zu wenig Liebe und Bestätigung erfahren, später oft Probleme haben, die sich auch erst in höherem Alter auswirken können, zum Beispiel durch Depressionen oder mangelndes Selbstbewusstsein. Kinder wissen oft gar nicht, dass es Lob und Bestätigung ist, was ihnen fehlt. Und überhaupt: Wie sollen sie es bei den Eltern einfordern? Auf der anderen Seite ist es sicher richtig, dass Kinder, die häufig ohne Grund gelobt werden, nicht lernen, zwischen richtigem und falschem Verhalten zu unterscheiden oder die eigene Leistung zu bewerten. Kinder, die für alles gelobt werden, beginnen nur schwerlich zu reflektieren, was man tun und was man lassen kann. Sie bleiben bei ihrem Verhalten, weil sie wissen, dass ihre Eltern sowieso alles gut finden. Egal, ob sie ihre Spielsachen mit anderen Kindern teilen oder sie anderen Kindern aus der Hand reißen – Eltern, die hier nicht ▸▸

korrigierend oder bestätigend eingreifen, verbauen ihren Kindern die Chance, ein angemessenes Sozialverhalten zu lernen. Die Überlegung, dass viele Eltern ihre Kinder nur loben, weil es ihnen zu anstrengend erscheint, das, was sie für richtig halten, durchzusetzen, ist durchaus nachvollziehbar.
Es kann aber auch andere Gründe geben, Kinder zu loben: Einerseits wollen viele Eltern ihren Kindern Liebe und Bestätigung mitgeben, um so ihr Selbstbewusstsein zu fördern, damit sie sich später im Leben durchsetzen können. Das ist es nämlich, was man in vielen Ratgebern liest. Andererseits sind die meisten Eltern einfach stolz auf die Leistungen ihrer Kinder, weil es nun mal ihre Kinder sind.

Nürnbergers Kritikpunkte sind angesichts des modernen Sandkastenrowdytums sicher angebracht, aber doch übertrieben. Außerdem werden es sich die Eltern heutzutage wohl nicht nehmen lassen, sich und ihre Sprösslinge für das Zentrum des Universums zu halten. Allerdings: Je länger man sich mit Nürnbergers Gedanken beschäftigt, desto mehr muss man ihm beipflichten. Ein gesunder Mittelweg zwischen Bestätigung und Ablehnung erhält unsere Fähigkeit, zu bewerten, ob wir oder andere etwas richtig oder eben falsch machen. Dass das zu einem Problem in unserer Gesellschaft wird, ist an jedem Kandidaten bei Castingshows zu sehen, der trotz völliger Talentfreiheit voll und ganz von sich überzeugt ist und sich gerade damit vor der ganzen Nation blamiert.

Die Verfasserin bearbeitet das Thema gemäß der Aufgabenstellung sehr solide. Sie holt die Thesen wortgewandt und flüssig aus dem Sachtext heraus. Sie vermeidet geschickt Wortwiederholungen und Übernahmen aus dem Text.

Der Kommentar greift engagiert und sachkundig einige Ideen aus dem Text auf. Wichtig ist dabei, dass die Verfasserin sich vom sachlichen Erörterungsstil löst und pointiert eigene Gedanken formuliert.

G. Büchner: Woyzeck

INFO In diesem Kapitel geht es um eine materialgestützte Erörterung. Dabei erhalten Sie zur Themenstellung mehrere Materialien, deren Inhalt Sie in Ihren Aufsatz einbeziehen sollen. Außerdem müssen Sie den Originaltext „Woyzeck" von Georg Büchner gut kennen, um auf die Aufgabenstellung sowie auf die Argumente in den Materialien eingehen zu können.

3 **Georg Büchner: „Woyzeck" – Untersuchen Sie den vorliegenden Text des Germanisten Kurt May hinsichtlich der Interpretation der Woyzeck-Gestalt. Setzen Sie sich mit der Deutung Mays kritisch auseinander. Beziehen Sie dabei auch die beigefügten Materialien mit ein, die weitere Deutungsansätze bieten.**

Kurt May: Büchners „Woyzeck"

(…) dieser Franz Woyzeck stellt sich als ein ganz anderer dar: als ein kleiner Mann mit einem starken Herzen; und nur darum ist er in der Dichtung lebendig geworden und in unserem Herzen lebendig geblieben und gewinnt bei jeder neuen Begegnung an Größe. Wohl verfällt er dem tragischen Nexus der Fatalität [= Verwicklungen des Schicksals, des Verhängnisses] im Zusammenstoß von Innen und Außen, aber er begründet durch sein Schicksal im Ansatz die Möglichkeit zu einer Überwindung von innen her. Im Woyzeck wird Menschenwert vernichtet, aber so, dass der Menschenwert heller aufleuchtet im Prozess der Vernichtung. Woyzeck hat die Würde eines großen Leidenden. (…)

Gerade seine Armut verherrlicht den Reichtum seines großen und reinen Gefühls. In der Welt um ihn her herrscht die vollkommene Lieblosigkeit; ihm ist zubestimmt, die Macht und die Fülle eines liebenden Herzens in der schlichtesten, der unscheinbarsten Hülle dagegen zu verkörpern. (…)

Woyzeck mit seinem Leben und Sterben bis hinein in die Augenblicke seiner letzten Verirrung und Verwirrung bezeugt, dass es in dieser verrotteten, lieblos gewordenen Welt noch Menschen gibt, dass es die Kraft der Liebe noch gibt, die den Menschen zum Äußersten bringt, bis zur Vernichtung des Liebsten und seiner selbst. Damit ist aber der Aspekt des grässlichen Fatalismus als allherrschend in der Geschichte aufgehoben, und zwar in der tragischen Geschichte eines gequälten, großen Herzens. Woyzecks Freveltat noch ist eine Tat der Liebe, die fordert: alles und nichts.

aus: Wolfgang Martens (Hrsg.), Georg Büchner, Darmstadt 1965

Material 1

Hans Mayer: Woyzeck

Die Armut, die„Umstände" seines materiellen Lebens treiben jenen Woyzeck in die Umdüsterung, in die Auflösung seiner Bindung zur Umwelt, ins Verbrechen. (…) Die Frage der„sozialen Indikation" ist gestellt, das Verbrechen aus der gesellschaftlichen Lage erklärt, die determinierende Kraft dessen, „was in uns lügt, hurt, stiehlt und mordet" als soziale Lebenslage und Seinslage erkannt, in die der einzelne unabänderlich hineingeboren und verstrickt ist. Woyzecks Tun erscheint hier, ebenso wie das seiner Peiniger und Gegenspieler, als Wirkung und Produkt sozialer Funktionen und Seinslagen. Verschiedenheit der sozialen Lagen bestimmt die Verschiedenheit der Anschauungen über Sitte und Moral, entscheidet über Glücksmöglichkeit und Aufstiegschance.

aus: Wolfgang Martens (Hrsg.), Georg Büchner, Darmstadt 1965

Material 2

Karl Viëtor: Woyzeck

Woyzecks Mord, für den unwissenden Psychologen eine Tat, ist für Büchner ein unentwirrbares Verhängnis, in dem ein armer Teufel aufgeopfert wird. Aus dem, was dem Mediziner ein psychologisches Problem war, ist dem Dichter ein Sinnbild der furchtbaren Beschaffenheit des Lebens geworden und des Schicksals, das die sich auswirkende Unerbittlichkeit dieses Lebens ist.

aus: Wolfgang Martens (Hrsg.), Georg Büchner, Darmstadt 1965

Material 3

Georg Lukács: Der faschistisch verfälschte und der wirkliche Georg Büchner

Als großer Realist gestaltet er aber den ausgelieferten, ausgebeuteten, ruhelos hin- und hergejagten, von jedem getretenen Woyzeck, die großartigste Gestalt des damaligen „Armen" in Deutschland. (…) Büchner gestaltet die physische und die ideologische Hilflosigkeit Woyzecks gegen seine Unterdrücker und Ausbeuter, also eine reale gesellschaftliche Hilflosigkeit, die vom Sein ausgestaltet ist, deren Wesen Woyzeck, wenn auch nicht klar sieht, so doch wenigstens ahnt.

aus: Wolfgang Martens (Hrsg.), Georg Büchner, Darmstadt 1965

Beispiel

A Kurzinformation zum Autor und Darstellung des Drameninhalts
B Auseinandersetzung mit der Deutung Mays und eigene Interpretationsansätze
- I. Strukturierte Wiedergabe des vorliegenden Sekundärtextes
  1. Woyzeck als Gefühlsmensch
  2. Woyzecks Scheitern als großes Menschenschicksal
  3. Der Mord an Marie als Liebestat
- II. Kritische Betrachtung von Mays Thesen
  1. Gedanken, die einer Überprüfung am Drama standhalten
     a) Woyzecks Einsamkeit
     b) Lieblosigkeit der Umwelt
     c) Woyzecks Eifersucht auf den Tambourmajor
     d) Verweis auf andere Interpretationen
  2. Weniger überzeugende Aspekte in den Behauptungen Mays
     a) Woyzecks Frauenverachtung
     b) Woyzecks Rachegedanken
     c) Sühnemord an Marie
     d) Woyzecks Wahnvorstellungen
     e) Hinzuziehen weiterer Interpretationen
- III. Negative Beurteilung der im Sekundärtext gefundenen Gedanken

C Wahrheitsgehalt von Interpretationen im Allgemeinen

Georg Büchners Drama „Woyzeck", das der Autor 1836 zu schreiben begann und aufgrund einer tödlichen Typhuserkrankung nie vollendete, ist nur fragmentarisch und in Handschriften erhalten. Die Einzelszenen schildern das Leben des Stadtsoldaten und Barbiers Franz Woyzeck, der ganz und gar von seinen Vorgesetzten oder höher gestellten Personen abhängig ist, so zum Beispiel vom Doktor, der ihn für seine Experimente missbraucht, und von seinem Hauptmann, dessen Willkür und Spott er schutzlos ausgeliefert ist. Seine ganze Liebe gilt Marie, mit der er ein Kind hat; diese jedoch wendet sich dem attraktiveren Tambourmajor zu. Als Woyzeck von diesem Verhältnis erfährt und dem Tambourmajor schließlich im Kampf unterliegt, ermordet er Marie. Der Schluss des Stückes bleibt offen, es könnte mit dem Selbstmord Woyzecks oder aber einer Gerichtsverhandlung enden.
Wegen der nur fragmentarischen Form des Dramas ist die Aussageabsicht Büchners nicht eindeutig erkennbar. Aus diesem Grund entstanden Deutungsansätze und Interpretationen, die in die verschiedensten Richtungen weisen, unter anderem auch die Überlegungen von Kurt May.

Kurt May stellt Woyzeck als „kleine(n) Mann" (Z. 1 f.) dar, der aber im Gegensatz zu seiner Umwelt noch zu echten Gefühlen fähig ist. Seiner Meinung nach mache gerade der Widerspruch zwischen materieller Armut und großen, reinen Gefühlen den Wert des Werks aus. Woyzeck stellt sich für May als ein von großen Gefühlen bestimmter Mensch dar, der durch diese sogar den „Nexus der Fatalität" (Z. 4 f.) von innen her besiegen könne. Selbst Woyzecks Scheitern dokumentiere noch seinen „Menschenwert" (Z. 8). In einer Welt der Lieblosigkeit sei es die Liebe zu Marie, die Kraft dieser Liebe, die Woyzecks Antriebsfeder ist und ihn sogar zum Mord treibt (vgl. Z. 17 ff.).

Für Mays Thesen spricht zunächst einmal die Tatsache, dass Woyzeck einzig Marie quasi als Verbindung zur übrigen Welt hat. Nur bei ihr kann er so sein, wie er ist, während er sich bei allen anderen Personen, die sein Leben bestimmen, nach deren Willen richten muss. Selbst bei Gleichgestellten stößt er auf Unverständnis. Aus Enttäuschung über diese Situation klammert er sich in umso größerer Liebe an Marie, sodass ihn dieses Gefühl schließlich vollkommen gefangen hält. Nur er ist laut May zu so einem „großen und reinen Gefühl" (Z. 11 f.) fähig.
Auch für die These Mays, dass „Woyzecks Freveltat noch (…) eine Tat der Liebe (ist), die fordert „alles oder nichts" (Z. 21 f.) finden sich Belege im Drama. Woyzeck fordert Marie ganz für sich allein, und wenn er sie nicht haben kann, so soll sie auch kein anderer bekommen; deswegen ermordet er sie schließlich. Auf diese Weise sieht er eine Möglichkeit, Marie – zumindest in der Erinnerung – auf immer zu besitzen und mit niemandem mehr teilen zu müssen.
Am meisten jedoch trifft der Gedanke Mays zu, dass Woyzeck in einer Welt „vollkommene(r) Lieblosigkeit" (Z. 12) als Einziger noch Liebe empfindet, beziehungsweise empfinden kann. Weder beim Hauptmann, der gelangweilt vom Leben andere auf den Arm nimmt, noch beim Doktor, der rücksichtslos und zynisch Woyzeck für seine Experimente missbraucht, lassen sich Ansätze von Menschenliebe nachweisen. Auch der Tambourmajor handelt so, indem er Marie nur zum Angeben benutzt: „(…) ein köstlich Weibsbild! Die hat Schenkel und alles so fest!" (BW, S. 53, Z. 14 f.) Er liebt sie aber nicht wirklich. Selbst Maries Motive sind nicht immer von Liebe geprägt; sie ist Woyzeck nicht mehr zugetan, da er ihr nichts anderes als ein armseliges Leben bieten kann. Sie liebt aber auch den Tambourmajor nicht, sondern ist nur durch sein Äußeres beeindruckt: „Über die Brust wie ein Rind und ein Bart wie ein Löw." (BW, S. 23, Z. 1 f.) So bleibt Woyzeck allein mit seiner Liebe, die sich schließlich ins Krankhafte steigert.
An diesem Punkt lässt sich eine andere Interpretation des Dramas anfügen. Sie stammt von Hans Mayer. In ihr wird als Absicht Büchners die Anklage der gehobenen Gesellschaftsschicht erkannt. Bei Mayer findet sich ebenfalls der Verweis auf die Lieblosigkeit der Welt wieder, allerdings bezogen auf die herrschende Klasse im Gegensatz zum Proletariat.

Wie schon angedeutet, kann man May nicht in allen Punkten folgen. Es sollen nun Aspekte zur Sprache kommen, die gegen die Auslegung Mays anzuführen sind.

Zunächst einmal ist Woyzecks Liebe zu Marie kein „reines Gefühl"; er verachtet die Frau für ihr triebhaftes Verhalten und beschimpft sie als Hure: „Heiß, heißen Hurenatem" (BW, S. 41, Z. 30) und „Warum bläst Gott nicht (die) Sonn aus, dass alles in Unzucht sich übernanderwälzt" (BW, S. 3, Z. 37 f.). Im gleichen Atemzug gesteht er wieder seine Liebe und sein Verlangen nach ihr: „und doch möchte ich den Himmel geben, sie noch einmal zu küssen." (BW, S. 41, Z. 30 ff.) Er ist also hin- und hergerissen zwischen Liebe und Verachtung und handelt demnach nicht nur aus reinen Gefühlen heraus.

Ein weiteres Argument gegen die Auslegung Mays stellt die Tatsache dar, dass Woyzeck Marie nicht nur aus Liebe umbringt, sondern wahrscheinlich auch als indirekte Rache am Tambourmajor, der ihn im Kampf besiegt und dadurch gedemütigt hatte. Diese Beschämung durch den offensichtlich stärkeren und attraktiveren Rivalen will er nicht einfach auf sich sitzen lassen. Er rächt sich an ihm, indem er ihm sein Prestigeobjekt, nämlich Marie, für immer wegnimmt. Weiterhin sieht Woyzeck den Mord auch als Sühne für Maries Sünden an: „Bei wem hast du das Halsband verdient, mit dei Sünden? Du warst schwarz davon, schwarz!" (BW, S. 47, Z. 1 f.) und „Eine Sünde so dick und so breit. Es stinkt, dass man die Engelchen zum Himmel hinausräuchern könnt." (BW, S. 23, Z. 22 ff.) An diesen Stellen werden seine maßlose Enttäuschung und Verachtung deutlich, und er ist, zumindest zeitweise, der Meinung, Marie habe den Tod durchaus verdient.

Am meisten fällt jedoch ins Gewicht, dass Woyzecks Tun und sein Leben weniger von Liebe im landläufigen Sinne als vielmehr von Wahnvorstellungen geprägt sind. So erlebt er die Apokalypse, glaubt sich von den Freimaurern bedroht, leidet also offensichtlich unter Verfolgungswahn: „Es ist hinter mir gegangen bis vor die Stadt." (BW, S. 15, Z. 32) So stellt sich dem Leser auch der Mord als ein Ausdruck von Woyzecks geistiger Verwirrtheit dar, wenn er wie besessen auf Marie einsticht: „Nimm das und das! Kannst du nicht sterben. So! So! Ha sie zuckt noch, noch nicht noch nicht? Immer noch?" (BW, S. 43, Z. 4 ff.). Dieser Wahn macht sich auch schon vorher bemerkbar, als er sich nachts allein auf freiem Feld befindet und die Freimaurer ihm angeblich befehlen, Marie umzubringen: „Ha was, was sagt ihr? Lauter, lauter, „stich, stich die Zickwolfin tot?" (BW, S. 33, Z. 23 f.) In diesen Situationen findet sich bei ihm keinesfalls mehr Liebe als Handlungsmotiv, wie May behauptet.
Hier könnte man auch noch die soziale Determiniertheit Woyzecks nach einer Deutung von Viëtor anführen. Woyzecks schlechte soziale Situation wird von May überhaupt nicht in Betracht gezogen; sie aber ist es, die sein Handeln

bestimmt. Er schafft es eben nicht, sich über seine Lage zu erheben und sie mithilfe der Liebe zu besiegen. Bei Viëtors Deutung schafft Woyzeck es sowieso nicht, große Gefühle zu leben, da er sich nicht aus seiner Determiniertheit befreien kann.

Nach Abwägung aller Argumente kann man sagen, dass Mays Interpretation zwar in einigen Punkten einleuchtet – jedoch nur auf den ersten Blick. Wenn man Woyzecks Probleme eingehender betrachtet, so stellt man fest, dass Büchner wohl kaum die Lieblosigkeit der Welt anprangern wollte. Damit greift Mays Auslegung einfach zu kurz.
Einleuchtender sind Gedanken aus der Auslegung von Lukács: Wenn sich ein einfacher Mann wie Woyzeck keine Moral leisten kann, wie soll dann ein „kleiner Mann" das Gefühl echter, großer Liebe empfinden? Menschen der unteren Gesellschaftsschicht kommen über die Befriedigung elementarer Bedürfnisse nicht hinaus.

Abschließend lässt sich sagen, dass wohl keine der vielen Interpretationen völlig die Aussageabsicht Büchners treffen kann. Die Auslegung wird zudem noch dadurch erschwert, dass Woyzeck eben kein geradliniger, gut zu durchschauender Charakter ist, sondern ein Mann aus dem einfachen Volk, zerrissen durch die gegensätzlichen Gefühle, die sein Leben beherrschen. Dies entspricht auch vollkommen der Intention Büchners, den Menschen naturgetreu, also auch hässlich, auf die Bühne zu bringen. So trifft wohl jede Interpretation in Teilen zu. Was aber wirklich die Aussage des Stückes sein soll, wird wohl für immer Büchners Geheimnis bleiben.

Die Schülerin erfasst sehr genau, wie der Germanist May die Dramenfigur Woyzeck beurteilt. Bei der kritischen Betrachtung seiner Thesen orientiert sie sich an der dialektischen Erörterung. In diesen Teil baut sie sehr geschickt die Ansichten weiterer Germanisten ein. Sie wertet das vorliegende Material gut aus, um die eigene Gedankenführung zu stützen.

Essay über Kommunikation im digitalen Zeitalter

INFO Was müssen Sie über das Schreiben von Essays wissen?

Der Essay ist eine Abhandlung, die eine literarische oder gesellschaftspolitische Frage in knapper und anspruchsvoller Form behandelt. Einen Essay schreiben heißt also: eine kritische Auseinandersetzung führen. Das Thema wird aktuell und zugleich persönlich abgehandelt.

Ausgangspunkt für einen Essay ist meist eine strittige Frage, oft in einem argumentativen Text präsentiert, die bewusst subjektiv diskutiert werden soll. Die Darstellung ist präzise und pointiert; es muss kein Überblick über die Gesamtproblematik erreicht werden.

- Der Einstieg in den Essay braucht einen Aufhänger; er darf provokativ sein. Es muss klar werden, weshalb Sie dem Thema eine gewisse Relevanz zusprechen.
- Beziehen Sie persönlich Position, stellen Sie deutlich Ihre Meinung dar. Als Motivation sollten Sie sich immer vor Augen halten, dass der Leser durch die Lektüre Ihres Essays einen Denkanstoß erhalten möchte.
- Die Argumentation im Essay ist geradlinig; die Hauptlinie, der rote Faden, darf beim Schreiben nicht verloren gehen. Obwohl man angesichts des begrenzten Umfangs zwischen Wichtigem und Unwichtigem unterscheiden sollte, darf nicht auf interessante Details verzichtet werden.
- Der Text soll gut lesbar, locker und flüssig geschrieben sein, jedoch nicht ins Umgangssprachliche abgleiten. Stilbrüche werden an einigen Stellen bewusst als sprachliche Mittel eingesetzt, wie überhaupt Stilmittel einen Essay auszeichnen. Natürlich kann der Essay stellenweise auch ironisch sein, sollte aber nicht beleidigend wirken.
- Die vorangestellte Gliederung skizziert kurz die Gedankenführung. Die den Gliederungspunkten entsprechenden Absätze erscheinen in der Ausführung.

Vorsicht, Falle!

Die sechs häufigsten Fehler, die bei einem Essay gemacht werden, sind:

- Die Ausführung ist sachlich und am Erörterungsstil orientiert.
- Nominalstil wird verwendet. Es fehlt an bildhaften Wendungen und Wortwitz.
- Englische Fachtermini werden überstrapaziert oder lateinische Fremdwörter falsch verwendet.
- Die Sätze sind lang und unübersichtlich; die Aussage bleibt unklar.
- Sie kennzeichnen nicht, was Sie von anderen Autoren übernehmen.
- Sie denken sich zu sehr in eine Rolle ein, werden polemisch oder banal; dabei verlieren Sie den Abstand zum Thema.

4 **Die Journalistin Sherry Turkle behauptet in ihrem Artikel „Wir müssen reden", die digitale Technik verändere nicht nur unsere Kommunikation, sondern den Menschen selbst.**

Verfassen Sie einen etwa 600 bis 700 Wörter langen Essay zu dieser Problematik, der eine Art Antwort auf den Artikel von Sherry Turkle darstellen kann.

Sherry Turkle: Wir müssen reden. Laptops, Smartphones, Tablets: Die digitale Technik verändert nicht nur unsere Kommunikation – sie verändert uns

Wir leben in einer digitalen Welt, in der wir uns ständig mitteilen. Für diese permanente Vernetzung haben wir ein großes Opfer gebracht: das echte Gespräch. Familien sitzen zu Hause zusammen, schreiben SMS und lesen E-Mails. Wir simsen, wenn wir in Konferenzen sitzen, oder checken während einer Verabredung, was es Neues auf unserer Facebook-Seite gibt. Meine Studenten haben mir kürzlich von einer neuen, bedeutsamen Fähigkeit erzählt: seinem Gegenüber in die Augen schauen zu können, während man in sein Handy tippt. Schwierig, aber machbar.

Ich habe in den vergangenen Jahren Hunderte Menschen über ihr digitales Nutzerverhalten befragt. Dabei habe ich gelernt, dass die kleinen Geräte, die die meisten von uns mit sich tragen, nicht nur unsere Verhaltensweisen, sondern auch uns selbst verändern: Wir haben uns daran gewöhnt, gemeinsam einsam zu sein. Dank der Technik können wir bei einer Person sein und uns gleichzeitig an einen anderen Ort versetzen. Wir überprüfen ständig, wer oder was unsere Aufmerksamkeit gerade am meisten verdient. Das führt jedoch dazu, dass wir uns, obwohl wir permanent miteinander in Verbindung stehen, voreinander verstecken. Wir sind zusammen, und doch ist jeder von uns in seiner eigenen Welt, verkabelt mit Tastaturen, winzigen Touchscreens und riesigen Kopfhörern. Solange wir unser Gegenüber mit technischen Mitteln auf Distanz halten können, können wir nicht genug voneinander bekommen.

Beim Simsen, E-Mail-Schreiben und Kommentare-Posten können wir uns genau so darstellen, wie wir gerne wären. Wir können uns jederzeit korrigieren, Teile von uns löschen. Wir können retuschieren: unsere Stimme, unser Gesicht, unseren Körper – wir entscheiden, welche „Ausgabe" unseres Selbst der andere zu sehen bekommt.

Menschliche Beziehungen sind vielschichtig. Sie sind verwirrend und fordernd. Doch wir haben uns antrainiert, sie mit technischen Mitteln zu säubern. Der Übergang von echten Gesprächen zu digitalen Verbindungen ist Teil davon – ein Prozess, der einen hohen Preis hat. Wenn wir uns ▶▶

darüber weiterhin keine Gedanken machen, werden wir irgendwann ganz vergessen, dass überhaupt ein Unterschied zwischen beiden Kommunikationsarten besteht. Wir sind versucht zu glauben, dass die kleinen Häppchen der Vernetzung am Ende zu einem riesigen Bissen wirklicher Konversation führen. Gerade das geschieht aber nicht. E-Mail, Twitter, Facebook – egal, wie wertvoll diese Dinge für uns sind, sie können echte Gespräche nicht ersetzen.

Konversation von Angesicht zu Angesicht entfaltet sich langsam. Sie lehrt uns Geduld. Wenn wir digital kommunizieren, erlernen wir andere Verhaltensweisen. Wir erwarten schnelle Antworten. Damit wir sie bekommen, stellen wir nur noch einfache Fragen. Wir lassen unsere Gespräche verdümpeln, selbst bei wichtigen Angelegenheiten. Mit Shakespeares Worten könnte man sagen, wir sind „an dem Stoff, der uns ernährt, versiecht".

Hinzu kommt: Im Austausch mit anderen lernen wir auch, mit uns selbst umzugehen. Die Flucht vor Gesprächen führt also auch dazu, dass wir verlernen, über uns selbst nachzudenken. Ständig fragen uns Soziale Netzwerke, was wir gerade denken, doch nur selten haben wir Lust, etwas wirklich Reflektiertes zu sagen. Selbstreflexion verlangt Vertrauen. Mit 3000 Freunden auf Facebook ist es schwierig, irgendetwas anderes zu tun, als sich zu vernetzen.

Je mehr wir uns an diese verkürzte Form der Kommunikation gewöhnen, desto eher sind wir bereit, auf echte Menschen zu verzichten. Seriöse Forscher entwickeln Computer, die als Psychiater arbeiten sollen. Ein Zehntklässler vertraute mir an, dass er lieber mit einer künstlichen Intelligenz über ein bevorstehendes Date sprechen würde als mit seinem Vater. Schließlich hätte die künstliche Intelligenz ja eine viel größere Datenbank.

Häufig bin ich bei meinen Forschungen auf die Empfindung „Niemand hört mir zu" gestoßen. Dieses Gefühl kann erklären, warum es so verlockend ist, eine Facebook-Seite oder einen Twitter-Account zu haben; beides sorgt ganz automatisch für „Zuhörer". Es erklärt auch, warum viele von uns – gegen jede Vernunft – mit Maschinen sprechen wollen, die für uns sorgen. Forscher auf der ganzen Welt tüfteln an sozialen Robotern als Begleiter für alte Menschen, für Kinder, für alle. Ich werde nie diesen einen Roboter vergessen, den ich bei meinen Recherchen in einem Seniorenheim erlebt habe. Er sah aus wie eine Babyrobbe, und eine ältere Frau fing an, ihm vom Tod ihres Kindes zu erzählen. Der Roboter schien ihr direkt in die Augen zu schauen und zuzuhören. Er konnte die Frau trösten.

Die vielen Geräte, die uns umgeben, bieten uns reizvolle Vorstellungen: dass uns immer jemand zuhört; dass wir unsere Aufmerksamkeit steuern können, wohin wir wollen; und dass wir nie allein sein müssen. Alleinsein ist heutzutage ein Problem, das jederzeit gelöst werden kann. Wenn Menschen allein sind, und sei es nur für einen kurzen Moment, werden sie unruhig und greifen sofort nach ihrem Handy, Smartphone oder Laptop. Diese Art von Kommunikation bekämpft aber nur das Symptom, sie ist keine Heilung. ▶▶

Und sie führt zu einer neuen Lebensweise, die man „Ich teile mich mit, also bin ich" nennen könnte. Wir nutzen digitale Technik, um Gedanken und Gefühle sofort mitzuteilen und uns so selbst zu definieren. Früher dachte man: „Ich habe ein Gefühl, also will ich einen Anruf machen." Heute ist unser Impuls: „Ich will ein Gefühl haben, also muss ich eine SMS verschicken." Wir brauchen die digitale Kommunikation, um mehr Gefühle zu haben und uns selbst stärker wahrzunehmen.
Mit dieser hektischen Art des Austauschs flüchten wir vor der Einsamkeit und damit auch vor der Möglichkeit, alleine zu sein und uns selbst zu finden. Ohne die Fähigkeit, allein zu sein, begegnen wir anderen Menschen zwar, aber wir nehmen sie nicht wirklich wahr. Wir glauben, andauernde Kommunikation führe dazu, dass wir uns weniger einsam fühlen. Das Gegenteil ist der Fall. Wenn wir nicht mehr dazu in der Lage sind, allein zu sein, werden wir irgendwann einsam. Wenn wir unseren Kindern nicht beibringen, wie es ist, allein zu sein, werden sie später nur wissen, wie es ist, wenn man sich einsam fühlt.
Deshalb werbe ich für mehr Gespräche. Mit wenigen kleinen Schritten können wir sie zurück in unser Leben holen. Zu Hause können wir „heilige" Orte schaffen: die Küche, das Esszimmer. Wir können unsere Autos zu handyfreien Zonen machen. Wir können unseren Kindern vorleben, wie wichtig es ist, sich zu unterhalten. Vor allem aber müssen wir uns zwischen all den SMS, E-Mails und Facebook-Einträgen daran erinnern, uns wieder gegenseitig zuzuhören, auch wenn das manchmal langweilig ist. Denn oft sind es genau jene „unbearbeiteten" Momente – die, in denen wir zögern, stottern oder nichts sagen –, in denen wir uns anderen Menschen zeigen.
Ich verbringe den Sommer immer in einem Ferienhaus an der Küste. Früher haben die Leute beim Spaziergang über die Dünen ihre Köpfe aufrecht gehalten, sie haben das Meer betrachtet, in den Himmel geschaut oder sich miteinander unterhalten. Jetzt gehen die meisten mit gesenktem Kopf, tippend. Selbst dann, wenn sie mit ihren Freunden, Partnern oder Kindern unterwegs sind, ist jeder nur mit seinem Handy beschäftigt. Ich fordere Sie auf: Schauen Sie hoch, schauen Sie einander ins Gesicht, und beginnen Sie wieder damit, sich zu unterhalten!

Aus dem Englischen von Ronja von Wurmb-Seibel

Beispiel 1

A Gesteigerte Gesprächigkeit im Netz
B Veränderung des Menschen in der digitalen Welt
   I. Veränderungen der Sprache
   II. Imagebildung im Netz
   III. Angst vor Einsamkeit als Grund für die Veränderungen
C Die Frage nach dem modernen Freundschaftsbegriff

Der Mensch 2.0

„Warum?" – Stellen Sie sich diese Frage – kombiniert mit einem verständnislosen Kopfschütteln – nicht auch ab und an?
Warum schreibt mir jemand gestern drei Stunden lang im Facebook-Chat, am Ende nur noch über Dinge, die nun wirklich keinen Menschen ernsthaft interessieren können? Und als wir uns heute in der Schule sehen, bringt derselbe Mensch kaum zwei Worte über die Lippen. Müssen wir vielleicht wieder mehr miteinander reden? Die Antwort erübrigt sich. Ein großer Philosoph, zufällig auch mein Mathematiklehrer, der in Fachkreisen immer wieder Anerkennung erntet ob seiner profunden Erkenntnisse, stellte einmal fest, es sei furchtbar, in welchem Maße der Mensch von den elektrochemischen Vorgängen im Gehirn abhängig sei.
Ich persönlich tendiere dazu, der Evolution in diesem Punkt mein Vertrauen zu schenken. Was mir viel größere Sorgen bereitet, ist die Frage, in welchem Maß der Mensch der Zukunft von bestimmten elektronischen Prozessen auf den Großrechnern ganz bestimmter Großkonzerne abhängig sein wird. Ach, kommen Sie, Sie wissen doch ganz genau, wen ich damit meine.
Offenbar zählt ein Chat heutzutage mehr als eine ordentliche Diskussion von Freund zu Freund. Darunter leidet nicht nur das Sprechen, sondern auch die Sprache selbst. In einer Welt, in der alles immer schneller ablaufen muss, wird dann in der Eile schon mal das eine oder andere Wörtchen weggelassen. Daniel Kehlmann sagt in „Ruhm": „Ich schwörs euch, wär der nicht dauernd Fitness-studio, in dem Moment hätt er richtig Fresse gekriegt." Na, liebe Kinder, habt ihr im Deutschunterricht schön aufgepasst? Was stimmt an diesem Satz, mal abgesehen von dem Kraftausdruck, wohl nicht? Aber möglicherweise steckt hinter diesen so wohlgeformten Sätzen ja sogar eine Taktik. Wenn ich bei allem, was ich sage, möglichst viele Verkürzungen und in Eigenproduktion entstandene Neologismen einbaue, dann rufe ich vielleicht ein paar Doppeldeutigkeiten hervor und kann mich aus fast jeder unangenehmen Situation einfach herausreden: Ach Quatsch, war doch ganz anders gemeint!
Wer mag schließlich diese ekligen kleinen Konflikte? Ecken und Kanten? Pah! Wie sind die damals nur auf die seltsame Idee gekommen, dass

Konfliktlösung mittels persönlicher Konfrontation erstrebenswert sein könnte. Ist es nicht viel schöner, wenn alle perfekt sind? In der digitalen Welt macht man sich jünger, schlanker, interessanter und löscht einfach alles, was man über sich selbst nicht im Umlauf wissen möchte. Das ist zwar gar nicht so einfach, aber der Datenschutz im Netz ist ein anderes Thema.
Zurück zum perfekten Menschen, dem Menschen 2.0. Wenn sich sowieso alle verstehen, ist es doch sicherlich gar nicht so schlimm, wenn uralte Werte wie Ehrlichkeit, die, nebenbei erwähnt, auch schon solche Kleinigkeiten wie die Zehn Gebote beeinflusst haben, einfach so verloren gehen. Möglicherweise hat der nette Kollege aus dem Büro heimlich 193 Posts in irgendwelchen dubiosen Foren. Möglicherweise lästert er dabei auch ganz unverhohlen über mich. Ich persönlich ziehe es vor, meinem Gegenüber beim Gespräch in die Augen schauen zu können, vor allem, wenn sich die Frage stellt, ob er oder sie ehrlich zu mir ist.
Und was ist der Grund für die digitale Verschönerung? Ganz einfach, es ist die Angst. Die Angst vor der Einsamkeit, davor, den Anschluss zu verpassen angesichts der Geschwindigkeit der Entwicklung in unserer digitalisierten Welt. Das hat man an anderer Stelle schon erkannt. Die Vernetztheit nimmt dem Menschen 2.0 dieses Gefühl – sowohl das der Angst als auch das der Einsamkeit. Genau darum legen die Menschen im Internet heutzutage eine Offenheit an den Tag, die man früher nur erleben durfte, wenn ein guter Kumpel einen Jägermeister zu viel hatte. Oftmals vergisst der Mensch 2.0 dabei zwar, dass man manches einfach besser für sich behält, aber mittlerweile gehört es fast schon zum guten Ton, wenn mein Facebook-Status aussagt, wie ich den letzten Sex mit meiner Freundin fand. Verwunderlich ist dann wiederum die Betroffenheit über den Tod eines Mädchens, das selbst Nacktbilder von sich ins Internet gestellt hatte und sich danach dafür so schämte, dass es sich umbrachte.
Warum ist das so? Wenn jemand sich tötet, weil ihn seine Facebook-Freunde mobben, dann kommt der oberflächliche Mensch 2.0 ins Grübeln. Darüber nämlich, ob das Bestätigen einer Anfrage jemanden zu meinem Freund macht. Was ist denn ein Freund? Jemand, mit dem man vertraute Gespräche führt.

Die Arbeit geht von einer knappen, aber zweckmäßigen Gliederung aus. Der Einstieg über eine rhetorische Frage weckt das Interesse des Lesers; anschließend nähert sich der Verfasser dem Thema auf eine teilweise frech-provokante, also essayistische Art. Der einmal verwendete Stil wird durchgehalten. Gelegentliche kleine Abschweifungen, die für den Essay typisch sind, führen nicht dazu, dass man das Thema aus den Augen verliert. Der rote Faden ist immer erkennbar.

Beispiel 2

A Freiheit durch moderne Kommunikationsmedien
B Problematische Aspekte moderner Kommunikation
  I. Cybermobbing
  II. Beliebtheitssteigerung im Internet
  III. Selbstdefinition durch virtuelle Freunde
  IV. Sprachveränderung durch neue Medien
  V. Isolation
C Fragwürdigkeit der Freiheit in modernen Kommunikationsmitteln

Modern Media – Alternative zur realen Kommunikation?

Die unendlichen Weiten moderner Kommunikation, unendliche Freiheit: Freiheit, mit anderen immer in Kontakt treten zu können. Freiheit, überall mit anderen in Kontakt treten zu können. Und das auch dann, wen sich der Gesprächspartner Tausende von Kilometern entfernt befindet: Die digitale Technik macht es möglich.
Die modernen Medien der Kommunikation: eigentlich recht praktisch, oder? Nehmen wir doch mal das Beispiel Cybermobbing. Wie schwierig ist es doch, auf herkömmliche Weise – im persönlichen Kontakt – andere zu tyrannisieren. Das Internet schafft da ganz neue Möglichkeiten. Einfach schnell eine Mail an die gesamte Freundesliste schicken, eine Gruppe gründen, die sich zum Ziel gesetzt hat, das Leben des Opfers zu zerstören, oder gleich direkt ein vernichtendes Urteil an die Pinnwand des Erzfeindes posten – und schon ist wieder ein Mensch unglücklich gemacht. Ein schlechtes Gewissen? Unnötig, im Internet lassen sich Emotionen anderer sehr gut ausblenden. Einfach, schnell und sicher ist diese Art der Kommunikation in Form von Mobbing also, denn durch die räumliche Distanz zum Gemobbten lassen sich auch wehrhafte und zu Handgreiflichkeiten neigende Gegner mühe- und gefahrlos in den Dreck ziehen.
Aber natürlich bietet das Internet auch den unglücklichen Opfern des Cybermobbings die Chance, durch moderne Kommunikation ihrem Status als Unterdrückte den Kampf anzusagen: Schnell einen neuen Account erstellt, einen anderen Namen eingegeben, ein Bild einer fremden attraktiven Person geklaut und hochgeladen – schon kann's losgehen mit dem Beliebtsein. Per Mausklick können neue Freundschaften geschlossen werden, und schnell wird aus dem unbeliebten, ungeliebten Opfer von gestern der neue Trendsetter von morgen.

Persönliche Beziehungen brauchen Geduld, digitale einen Computer. Beliebtheit? Nichts leichter als das – im Internet. Und dass das vorgegebene hypercoole Alter Ego nur eine Illusion ist und kaum mit dem „real life", wie es in Insiderkreisen genannt wird, zu tun hat, interessiert im Internet sowieso keinen, denn das Gegenüber hat sicherlich auch bei der Selbstdarstellung gemogelt. Gleiches Recht für alle.

„Religion ist das Opium des Volkes" hat Karl Marx einmal gesagt. Inzwischen sind an die Stelle der Religion die modernen Kommunikationsmedien getreten. Vergleichbar mit den Opiumrauchern des 19. Jahrhunderts ist mancher Internetnutzer davon abhängig, wie viele Freunde er in seiner Liste bei Facebook hat, da seine Selbstdefinition davon gesteuert wird. Einige User verwechseln eine virtuell geschlossene Freundschaft gar mit Interesse an der eigenen Person. Sie leben ihr Mitteilungsbedürfnis ungehemmt aus und servieren meist wildfremden Nutzern, die unter dem Decknamen „Freunde" agieren, die privatesten und intimsten Details ihres Lebens auf dem virtuellen Silbertablett.

Diese Details sind natürlich sprachlich eine Kunstform für sich: Was Sprachforscher stilistisch interessant finden und was für Fremdsprachenvergötterer eine tolerante Integration anderer languages in die eigene darstellt, ist für Otto Normalnutzer nur eines: befremdlich. So werden englische Wörter übernommen oder eingedeutscht – eingegermant, wie die modernen User es ausdrücken würden. Der Satzbau zeugt von betont keinerlei Syntax, Wörter werden strukturlos aneinandergehängt. Ein vollständiger Satzbau? Sowieso vollkommen overrated, genau wie einige lästige Buchstaben. Diese Erscheinungen können auch beliebig kombiniert und wahlweise mit Füllwörtern wie „ey" oder Zahlen verfeinert werden: „Ey, sry, hatte no chance 2 kommn." Übersetzt: Tut mir wirklich leid, dass ich nicht kommen konnte. Sollten Sie trotz der Übersetzungsversuche Schwierigkeiten haben, die Botschaften zu verstehen – egal, es ist wahrscheinlich sowieso komplett unwichtig. Und so macht man sich nicht mehr die Mühe, solche kryptischen Botschaften zu verstehen – ein ungeheurer Zeitgewinn. Die gewonnene Zeit lässt sich ja auch prima wieder im Internet verbringen.

Die Familie ist zu langweilig, die Freunde kennt man schon so lange, dass es nichts Interessantes mehr zu erfahren gibt. Da ist es doch reizvoll, sich während eines realen Besuchs der besten Freundin, die schon wieder über ihr unglückliches Liebesleben jammert, einfach in eine andere Welt zu befördern – vorzugsweise mit dem neuesten Smartphone. Und wenn auch das virtuelle Gegenüber seinen Reiz verliert, setzt man es einfach auf die Ignore-Liste, das Synonym für eine Mülldeponie an ausgedienten Freunden, die unserer Aufmerksamkeit nicht mehr würdig sind, und sucht sich neue Kontakte. Problemloser geht es gar nicht. Kein Wunder also, dass Menschen, wenn sie sich tatsächlich einmal in der Realität treffen, sich lieber mit ihrem digitalen Kommunikationsmedium als miteinander beschäftigen. ▸▸

Ob die Freiheit des bedingungslosen virtuellen Kontaktes zum Mitmenschen jedoch wirklich eine so große Bereicherung ist, bleibt fraglich. Denn ist es so erstrebenswert, 4831,5 Freunde in Facebook zu haben, wenn man in der realen Welt trotzdem oder gerade deshalb alleine ist?

Die Arbeit geht von einer gut nachvollziehbaren Gliederung aus. Gleich zu Beginn nutzt die Verfasserin mehrere Möglichkeiten der selbstständigen Anwendung sprachlicher Mittel. Provokant wird eine These aufgestellt, die dann facettenreich durchargumentiert wird. Dabei werden die Gedanken an einem roten Faden geführt. Es gelingt der Verfasserin, ein gutes Gleichgewicht zwischen den Modewörtern der Internetsprache und pointiert-essayistischen Formulierungen der normalen Hochsprache herzustellen.

Stellenweise stört die häufige Verwendung gleicher Stilmittel (elliptischer Satzbau, Doppelpunkt und Gedankenstrich) den insgesamt positiven Gesamteindruck.

R. Safranski: Romantik. Eine deutsche Affäre

5 **Erschließen Sie das Vorwort zu „Romantik. Eine deutsche Affäre", indem Sie die Positionen des Autors herausarbeiten und seine Argumentationsweise untersuchen.**

Entwickeln Sie einen eigenen Standpunkt zum angesprochenen Thema und stellen Sie ihn den Äußerungen des Autors gegenüber.

Rüdiger Safranski: Romantik. Eine deutsche Affäre (Vorwort)

Was man um 1800 die „Romantische Schule" genannt hat, was sich um die Gebrüder Schlegel versammelte, was sich in deren kurzlebiger, aber heftiger Zeitschrift „Athenäum" selbstbewusst und bisweilen doktrinär zu Wort meldete, dieser entfesselte Spekulationsgeist des philosophischen Beginns von Fichte und Schelling, was in den frühen Erzählungen von Tieck und Wackenroder bezauberte als Vergangenheitssehnsucht und als neu erwachter Sinn für das Wunderbare, diese Hinneigung zur Nacht und zur poetischen Mystik bei Novalis, dieses Selbstgefühl des Neuanfangs, dieser beschwingte Geist einer jungen Generation, die zugleich gedankenschwer und verspielt auftrat, um den Impuls der Revolution in die Welt des Geistes und der Poesie zu tragen – diese ganze Bewegung hat selbstverständlich eine Vorgeschichte, einen Anfang vor dem Anfang. (...)

Die Epoche der Romantik im engeren Sinne endet bei Eichendorff und E. T. A. Hoffmann, romantische Entfesselungskünstler und doch auch anderweitig gebunden. Der eine ein guter Katholik und Regierungsrat, der andere ein liberaler Kammergerichtsrat. Beides Doppelexistenzen, die nicht auf Romantik festgelegt sind. Eine kluge, eine lebbare Form der Romantik.

Es geht in diesem Buch um die Romantik und um das Romantische. Die Romantik ist eine Epoche. Das Romantische eine Geisteshaltung, die nicht auf eine Epoche beschränkt ist. Sie hat in der Epoche der Romantik ihren vollkommenen Ausdruck gefunden, ist aber nicht darauf beschränkt; das Romantische gibt es bis heute. Es ist nicht nur ein deutsches Phänomen, aber es hat in Deutschland eine besondere Ausprägung erfahren, so sehr, dass man im Ausland bisweilen die deutsche Kultur mit Romantik und dem Romantischen gleichsetzt. Das Romantische findet sich bei Heine, der es zugleich überwinden will, so wie auch bei seinem Freund Karl Marx. Der Vormärz hat es in die Politik gelegt, in die nationalen und sozialen Träume. Dann Richard Wagner und Friedrich Nietzsche, die keine Romantiker sein wollten, aber es doch waren als Jünger des Dionysos.

Ungehemmt romantisch war die Jugendbewegung um 1900. Beim Kriegsbeginn 1914 glaubten Thomas Mann und andere, die romantische Kultur Deutschlands gegen die westliche Zivilisation verteidigen zu müssen. (...)

Die beste Definition des Romantischen ist immer noch die von Novalis: Indem ich dem Gemeinen einen hohen Sinn, dem Gewöhnlichen ein geheimnisvolles Ansehn, dem Bekannten die Würde des Unbekannten, dem Endlichen einen unendlichen Schein gebe, so romantisiere ich es. In dieser Formulierung merkt man, dass die Romantik eine untergründige Beziehung zur Religion unterhält. Sie gehört zu den seit zweihundert Jahren nicht abreißenden Suchbewegungen, die der entzauberten Welt der Säkularisierung etwas entgegensetzen wollen. Romantik ist neben vielem, was sie sonst noch ist, auch eine Fortsetzung der Religion mit ästhetischen Mitteln. Das hat ihr die Kraft zur beispiellosen Rangerhöhung des Imaginären gegeben. Die Romantik triumphiert über das Realitätsprinzip. Gut für die Poesie, schlecht für die Politik, falls sich die Romantik ins Politische verirrt. Dort also beginnen die Probleme, die wir mit dem Romantischen haben.

Der romantische Geist ist vielgestaltig, musikalisch, versuchend und versucherisch, er liebt die Ferne der Zukunft und der Vergangenheit, die Überraschungen im Alltäglichen, die Extreme, das Unbewusste, den Traum, den Wahnsinn, die Labyrinthe der Reflexion. Der romantische Geist bleibt sich nicht gleich, ist verwandelnd und widersprüchlich, sehnsüchtig und zynisch, ins Unverständliche vernarrt und volkstümlich, ironisch und schwärmerisch, selbstverliebt und gesellig, formbewusst und formauflösend. Der alte Goethe sagte, das Romantische sei das Kranke. Aber auch er mochte nicht darauf verzichten.

Beispiel 1

A Romantik als revolutionäre Welle der Erneuerung

B Erschließung des Vorworts zu „Romantik. Ein deutsche Affäre“ von Rüdiger Safranski und Diskussion seiner Thesen

- I. Safranskis Äußerungen zur Romantik
  1. Wichtige Vertreter der Romantik als Revolution der jungen Generation
  2. Die romantische Epoche und Geisteshaltung als typisches Phänomen der deutschen Kultur
  3. Romantik in Verbindung mit Religion
  4. Der romantische Geist

II. Argumentationsweise
   1. Allwissender „Schreiber"
   2. Aufzählungen und Beispiele
   3. Positive Adjektive
   4. Originalzitat
III. Diskussion von Safranskis Äußerungen
   1. Positiv zu bewertende Äußerungen
      a) Romantik als immer wiederkehrendes Thema in der Geschichte
      b) Selbstbewusste Vertreter der Epoche
      c) Goethe als Romantiker
      d) Romantik und Religion
   2. Gesamtwürdigung

C Romantiker 1960–1970: die Hippiebewegung als moderne Form der Romantik

„Die jungen Wilden" – so wurden sie von den Alten genannt: die Romantiker. Sie standen für Freiheit, Sehnsucht, Fantasie, das Abnormale, das Individuelle, das Mystische. Ihre revolutionären Einstellungen empörten die ältere Generation, denn die Romantiker wehrten sich gegen traditionelle Regeln. Das Liebesleben wurde freier, man lebte mit Freunden in sogenannten Zirkeln zusammen. Von dieser Epoche bzw. Geisteshaltung handelt das Vorwort des Buches „Romantik. Eine deutsche Affäre", das der Germanist Rüdiger Safranski 2007 veröffentlichte. Im Folgenden sollen dieses Vorwort erschlossen und die darin enthaltenen Thesen diskutiert werden.

Rüdiger Safranski beginnt mit einer Aufzählung verschiedener Vertreter der Romantik, angefangen bei den Gebrüdern Schlegel (vgl. Z. 2), die für die Anfänge der Epoche ständen, bis hin zu E. T. A. Hoffmann, der das Ende repräsentiere. Der Schriftsteller verdeutlicht, dass all diese Romantiker für verschiedene Auffassungen bzw. Ausprägungen der romantischen Philosophie stehen. So lebten die Gebrüder Schlegel seiner Meinung nach die heftigere Version der Romantik aus, denn sie waren sogar die Autoren der Zeitschrift „Athenäum" (vgl. Z. 3), wohingegen E. T. A. Hoffmann und Josef von Eichendorff anscheinend weniger radikal gewesen seien. Sie seien „auch anderweitig gebunden" (Z. 14 f.) und „nicht auf Romantik festgelegt" (Z. 16 f.) gewesen.
Safranski stellt die These auf, dass man das Romantische als Geisteshaltung nicht auf die romantische Epoche beschränken könne (vgl. Z. 19 f.). Das Romantische habe vor allem in Deutschland „Ausprägung erfahren" (Z. 23 f.) und ziehe sich durch die gesamte deutsche Geschichte. Das Romantische ist für Safranski fast wie eine Religion, denn so wie die ständige Suche nach Gott und dem Glauben sei auch die Romantik eine „nicht abreißende

Suchbewegung“ (Z. 39 f.). Im Gegensatz zur Politik sei sie nicht an die Realität gebunden, was Probleme bedeuten könne (vgl. Z. 44 f.).
Der Autor endet mit einer mehrzeiligen Auflistung von Eigenschaften der Romantik und ihrem Geist, in der klar wird, dass er selbst von der Grenzenlosigkeit der Bewegung beeindruckt ist (vgl. Z. 47 ff.). Er führt die Behauptung an, dass Goethe, einer der Hauptvertreter der Klassik, ebenfalls eigentlich ein Romantiker gewesen sei.

Da es sich bei Safranski um einen modernen Schriftsteller handelt, ist er so etwas wie ein „allwissender“ Schreiber. Er kann von der Gegenwart aus auf die Romantik, ihre Geschichte und ihren Wirkungsgrad zurückblicken und Fakten aufzählen. Selbstbewusst beurteilt er das Verhalten damaliger Genies. „Eine kluge, eine lebbare Form der Romantik.“ (Z. 17) So bewertet er das Wirken E. T. A. Hoffmanns und Josef von Eichendorffs als das von Romantikern. Bei seiner These, dass die Romantik allgegenwärtig sei, führt er sehr viele geschichtliche Beispiele an. Er nennt zahlreiche Namen, wie z. B. Karl Marx, Richard Wagner oder Friedrich Nietzsche – berühmte Männer, die jedem bekannt sind und die für große Taten stehen. Safranski erlaubt es sich, diese Namen zu beurteilen (vgl. Z. 25 ff.). In seinem gesamten Vorwort finden sich sehr viele Aufzählungen, die den Leser überzeugen sollen. Dies ist besonders im letzten Abschnitt ersichtlich (vgl. Z. 47 ff.), in dem er den romantischen Geist beschreibt. In seinen Beschreibungen der Romantik verwendet er fast ausschließlich positive Adjektive, wie „selbstbewusst“ (Z. 3), „beschwingt“ (Z. 9), „verspielt“ (Z. 10) oder „gesellig“ (Z. 53). Er konzentriert sich auf die positive Seite der Romantik und lässt den Leser so im Unklaren über die durchaus problematische „dunkle Seite“ dieser Epoche. So kommen bekannte Stichworte der Romantik, wie etwa Alkoholprobleme, Drogen, Orgien oder Brüche in den Biografien, die durchaus auch das Romantische repräsentieren, nicht vor. So ergibt sich der Eindruck, dass Safranski seine Leser bewusst manipuliert; ein unerfahrener Leser könnte dadurch ein eingeschränktes Bild der Epoche bekommen. Außerdem soll noch erwähnt werden, dass der Autor seine Meinung mit einem Originalzitat von Novalis (vgl. Z. 34 ff.) belegt, was dem Leser Kompetenz suggeriert.

Safranski vertritt den Standpunkt, dass die Romantik in der deutschen Geschichte allgegenwärtig ist, was sich an zahlreichen geschichtlichen Ereignissen festmachen lässt. Da das Romantische für das Natürliche ebenso wie für das Unbewusste steht, ist es auch logisch, dass man in der Gegenwart, wenn man auf die Vergangenheit zurückblickt, überall die Romantik wiederentdeckt. Safranskis Darstellung der jungen, beschwingten und selbstbewussten Autoren der Romantik als Rebellen gegen die alte Generation ist argumentativ nichts entgegenzusetzen. Ganz offen zeigten sie ihre Absicht, sich gegen die „Philister“ zu wenden. Sie wollten tatsächlich neue Ufer erreichen und sich nicht von den alten Autoritäten einschränken lassen. Auch Safranskis Behauptung, dass Goethe eigentlich auch ein Romantiker sei, ist durchaus plausibel. Das mag dem Leser zunächst merkwürdig erscheinen, denn Johann Wolfgang von Goethe ist neben Friedrich Schiller wohl der berühmteste Vertreter der Klassik, die als Epoche das absolute Gegenbild zur Geisteshaltung der Romantik darstellt. Doch Goethe war nicht immer der Klassik verpflichtet. In seiner Sturm-und-Drang-Zeit schrieb er viele Werke, die durchaus auch Übereinstimmungen mit der später folgenden Romantik aufweisen. Ein gutes Beispiel dafür ist das Gedicht „Prometheus". Darin lassen sich zahlreiche vorromantische Elemente erkennen: Es handelt von einem Mann, der das Individuum in den Mittelpunkt stellt und der Kritik an Autoritäten äußert; außerdem spielt die Natur eine große Rolle. Dies sind alles Aspekte, die in der Romantik erneut aufgegriffen werden. Ferner finden sich in Goethes Spätwerk einige Gedichte, die genauso gut von Romantikern stammen könnten, beispielsweise sein Gedicht „An den Mond". So ist Safranskis Behauptung verständlich und wohl richtig.

Auch die These, dass die Romantik „eine Fortsetzung der Religion mit ästhetischen Mitteln" (Z. 42) sei, ist nachvollziehbar. Wie man durch seine zahlreichen historischen Belege erkennen kann, ist die Romantik immer ein Thema gewesen, sowohl im Bewussten als auch im Unbewussten. Ebenso wie mit der Romantik setzt sich der Mensch schon seit Jahrtausenden mit der Religion auseinander. Die Suche nach Gott beschäftigt auch die Menschen der Gegenwart und wird vermutlich nie zu einem Ende kommen. Nicht umsonst ist die Bibel heute noch das meistgekaufte Buch der Welt. Auch das Mystische, ein wichtiges Element der Romantik, ist heute ebenfalls noch reizvoll und anziehend, was man an zahlreichen Filmen und Romanen erkennen kann: Ob „Harry Potter" oder „Black Swan" – das Mystische ist bis heute ein Erbe der Romantik in der Literatur. Man kann die Romantik deshalb durch aus als „nicht abreißende Suchbewegung" (Z. 39 f.) sehen.

Insgesamt zeichnet Rüdiger Safranski ein durchaus positives Bild der Romantik. Seine Thesen belegt er sehr genau und überzeugend. Er versucht, sachlich zu bleiben, wodurch seine Denkansätze und inhaltlichen Aspekte für den Leser zugänglich und plausibel sind.

Junge Wilde gab es nicht nur um 1800. Rebellen, die überkommene Traditionen aufbrechen und individuell sein wollten – diese Beschreibung trifft nicht nur auf Romantiker zu, sondern auch auf die Hippie-Bewegung der Sechzigerjahre des 20. Jahrhunderts. Freiheit in jeder Hinsicht war ihr Ziel. Sie lebten in freier Liebe zusammen in Wohngemeinschaften. Nach Safranskis Beschreibung der Romantik könnte man die Hippies durchaus als Romantiker des 20. Jahrhunderts bezeichnen.

Die Schülerin verfasst eine sinnvolle Gliederung. Sie ist im Nominalstil gehalten, was der Form in der Oberstufe entspricht. Die Zusammenfassung der Thesen zeigt, dass sie den theoretischen Text verstanden hat. Sie bringt an passenden Stellen Zitate und argumentiert sachlich. Ihr Stil ist schnörkellos und einer vorwissenschaftlichen Auseinandersetzung angemessen.

Beispiel 2

A Unterschiedliche Meinungen über die Romantik
B Erschließung von Safranskis Vorwort zu „Romantik. Eine deutsche Affäre“ und Diskussion eigener Thesen
- I. Positionen des Autors
  - 1. Grundsätzlich positive Einstellung zur Romantik
  - 2. Charakterisierung der Epoche
  - 3. Doppelexistenz als kluge Form der Romantik
  - 4. Das Romantische als epochenübergreifende Geisteshaltung
  - 5. Romantik als Fortsetzung der Religion
  - 6. Verschmelzung von Politik und Romantik als Problem
- II. Argumentationsweise
  - 1. Objektivität durch antithetisch aufgebaute Argumente
  - 2. Sachliche Sprache
- III. Gegenüberstellung eines eigenen Standpunkts
  - 1. Positive Aspekte
    - a) Charakterisierung der Romantik
    - b) Darstellung des Romantischen als epochenübergreifendes Element
    - c) Romantik in der Politik
  - 2. Negative Aspekte
    - a) Romantisches in Verbindung mit Religion
    - b) Leben der Romantiker als Beispiel für gute Lebensführung
  - 3. Gesamtwürdigung

C Romantik – zugleich Chance und Gefahr

Über die Epoche der Romantik gibt es sehr verschiedene und weit auseinander liegende Einschätzungen. Oft wird sie wegen ihres Hangs zum Übernatürlichen und Transzendentalen sowie wegen ihrer Realitätsferne verachtet. Diese Positionen nahmen vor allem die Vertreter der Klassik, beispielsweise auch Goethe, ein. Andererseits gibt es heute noch, besonders bei der Jugend, viele Anhänger der Romantik. Sie finden vor allem die Fähigkeit der Romantiker zur Entgrenzung gut. Im Folgenden soll der Standpunkt Rüdiger Safranskis zur Romantik dargestellt werden, wie er sie im Vorwort zu „Romantik. Eine deutsche Affäre" erläutert. Danach wird seine Argumentationsweise untersucht und einem eigenen Standpunkt gegenübergestellt.

Allgemein lässt sich erkennen, dass Safranski der Vertreter einer positiven Einstellung zur Romantik ist. So erwähnt er ihren Sinn für das Wunderbare und betont das Neue der Romantik. Seine Wortwahl lässt insgesamt darauf schließen, dass sein Bild von der Romantik positiv geprägt ist. Weiterhin charakterisiert Safranski die romantische Epoche als „widersprüchlich, sehnsüchtig und zynisch, ins Unverständliche vernarrt und volkstümlich" (Z. 51 f.). Er beschreibt sie als eine sich wandelnde Epoche, die nach Abwechslung, Außergewöhnlichem sowie nach Transzendenz trachtet. Safranski führt den Aspekt einer „klugen, lebbaren Form der Romantik" (Z. 16 f.) an. Als Beispiel nimmt er das Leben der Romantiker Joseph von Eichendorff und E. T. A. Hoffmann, die mit ihren literarischen Werken als typische Vertreter der Romantik gewertet werden. Dass beide neben dem Verfassen ihrer Werke angesehene Berufe, Regierungsrat und Kammergerichtsrat, ausgeübt haben, also in gewissem Sinne Doppelexistenzen führten, empfindet Safranski als positiv. Er geht davon aus, dass die bürgerlichen Berufe der Literaten zu einer gewissen Erdung führten.

Weiterhin ist Safranski der Auffassung, dass die Romantik zwar eine zeitlich begrenzte Epoche, das Romantische an sich jedoch eine epochenübergreifende Geisteshaltung sei (vgl. Z. 19 f.). Das Romantische habe schon vor der eigentlichen Romantik Einfluss auf die Dichter genommen, beispielsweise auf Goethe, der zwar die Romantik verachtet habe, jedoch als Stürmer und Dränger und später als Vertreter der Klassik romantische Elemente in seine Werke eingebaut habe (vgl. Z. 54 f.). Auch nach dem Ende der romantischen Epoche wirke sich nach Safranski das Romantische sowohl literarisch (bei Heine, Marx oder Nietzsche) als auch politisch durch das 19. Jahrhundert hindurch bis zum Beginn des Ersten Weltkriegs aus. Selbst Künstler oder Philosophen, die keine Verbindung mit dem Romantischen anstreben wollten, wie Wagner oder Nietzsche, seien Vertreter romantischer Geisteshaltungen gewesen (vgl. Z. 25 f. und Z. 28 f.).

Zudem fasst Safranski die Romantik als „eine Fortsetzung der Religion mit ästhetischen Mitteln" (Z. 42) auf. Er verbindet das Bestreben der Romantik, alles Weltliche und Bekannte als transzendent und unbekannt aufzufassen – wie es beispielsweise Novalis getan hat – mit dem Gedanken, dass Religionen den gleichen Hintergrund haben. Auch sie gestalten unerreichbare Wünsche zu einer höheren Macht oder mehreren transzendenten Gottheiten.

Die Überhöhung der Realität sei jedoch problematisch, wenn sich Romantiker politisch engagieren wollten, denn die unrealistischen Vorstellungen seien zwar optimale Bedingungen für das Verfassen von poetischen Werken, jedoch nicht für politisches Handeln (vgl. Z. 43 ff.). Safranskis positive Einstellung zur Romantik, gepaart mit kritischen Anmerkungen, zeigt sich auch in seiner Argumentationsweise. Er versucht, seinen Text objektiv und sachlich zu gestalten, indem er nicht allzu offensichtlich Stellung zur Romantik bezieht und sowohl positive als auch negative Aspekte des Romantischen antithetisch erörtert. So benutzt er positive Begriffe wie „neu erwachter Sinn für das Wunderbare“ (Z. 6 f.), um die Romantik zu beschreiben, erläutert aber auch das Problem einer Verschmelzung von Politik und Romantik (vgl. Z. 43 ff.). Die Sprache des Autors ist dem objektiven Stil angepasst. Seine Ausdrucksweise ist weitgehend nüchtern, jedoch finden sich an einigen Stellen klare Wertungen (vgl. Z. 6).
Auffällig ist die Adjektivlastigkeit, die dem sonst so sachlich-objektiven Text entgegenwirkt. Safranski verfällt fast in Schwärmerei über die Epoche der Romantik: „Dieser beschwingte Geist einer jungen Generation (…)“ (Z. 8 f.) oder Adjektivketten (vgl. Z. 51 f.). In diesen Schwärmereien gibt er sich als Verehrer des Romantischen zu erkennen. Dadurch weicht der Autor von einem für die Textart angemessenen Sachstil ab.

Der Argumentationsaufbau folgt dem traditionellen Schema. Auf eine These folgen das Argument und ein Beispiel. Gut zu erkennen ist dieser Aufbau ab Z. 19. Safranski stellt die These auf, dass das Romantische epochenübergreifend sei, erläutert dies in seinem Argument der bis heute andauernden romantischen Elemente in der Literatur und führt anschließend Beispiele an. Allerdings weicht er gelegentlich von diesem Aufbau ab; so führt er keine Beispiele für die These an, dass die Romantik eine Weiterführung der Religion sei, sondern lässt auf die Erklärung der These gleich die nächste folgen, nämlich, dass dadurch ein Problem in der Politik entstehen könne. Auch diese These beweist er nicht; er führt sie nicht einmal richtig aus (vgl. Z. 45 f.). Sehr gut dagegen ausgeführt ist seine Charakterisierung der Romantik. Mit Ausdrücken wie „Ferne der Zukunft und der Vergangenheit“ (Z. 48), „Überraschungen im Alltäglichen“, „die Extreme, das Unbewusste, der Traum, den Wahnsinn“ (Z. 49), gelingt es Safranski, einige wesentliche Merkmale der Romantik, nämlich das Mystische und Übernatürliche, darzustellen. Ebenfalls als sehr treffend kann die Aussage bezeichnet werden, dass das Romantische epochenübergreifend sei (vgl. Z. 19 f.), denn auch heutzutage gibt es viele romantisch angehauchte Werke, beispielsweise in der fantastischen Literatur, in der sowohl Parallelwelten als auch Wahnsinn oder das Übernatürliche behandelt werden.
Weiterhin ist die Auffassung des Romantischen als Problem bei der Verschmelzung mit Politik zu beachten. Dieses Argument trifft zu, da Entgrenzung und Realitätsverlust für eine pragmatische Politik untauglich sind. Heutzutage spricht man dabei auch von „Sozialromantik“.

Einige Aussagen Safranskis sind eher kritisch zu bewerten. So sollte man die Romantik nicht als Fortsetzung der Religion bezeichnen, wenn dabei das Unerreichbare in der Religion mit dem Unerreichbaren in der Romantik verglichen wird. Zwar bauen beide auf dem Gedanken der Transzendenz auf, jedoch begründet dies keinen kausalen Zusammenhang zwischen ihnen: Die Romantik befasst sich mit der Entgrenzung in Form von Wahnsinn, Mystik oder Dunkelheit und Nacht, während Religionen das Dunkle oft bekämpfen und als bösartig darstellen, wie z. B. das Christentum.

Auch die Bewertung von Doppelexistenzen als eine „kluge, lebbare Form der Romantik" (Z. 17) ist nicht ganz nachvollziehbar. Zwar erscheint die Erläuterung, dass eine Mischung des bürgerlichen Lebens mit der Lebensform der Romantiker vorteilhaft sei, einleuchtend, jedoch sind die gewählten Beispiele Safranskis weniger gelungen. Nach Safranski soll E. T. A. Hoffmann ein kluges Leben geführt haben. Jedoch fehlen hier die biografischen Details, dass E. T. A. Hoffmann zwar sowohl weltbekannte Werke verfasst hat als auch einen bürgerlichen Beruf ausgeübt hat, er aber auch für seinen exzessiven Alkoholkonsum und sein gestörtes Verhältnis zu Frauen bekannt ist. Dass Safranski das Leben Hoffmanns preist, ist also eher unlogisch.

Insgesamt lässt sich sagen, dass Safranski einige gut nachvollziehbare Aspekte der Romantik beschreibt, wie z. B. das epochenübergreifende Wesen der Romantik oder die Probleme bei der Verbindung von Romantik und Politik. Allerdings ist ganz klar zu erkennen, dass andere Thesen eher fragwürdig sind.

Gerade der außergewöhnliche Lebensstil vieler Künstler der Romantik, der auch das Phänomen der Entgrenzung beinhaltet, ist wohl ein Grund dafür, dass die Meinungen über die Romantik geteilt sind: Während die junge Generation grundsätzlich Entgrenzung als Chance ansieht, gegen die vorhergehende Generation und den Formzwang Widerstand zu leisten, haben andere die Romantik wohl eher als Bedrohung empfunden und eine Verwahrlosung der Jugendlichen vorausgesehen.

Die Schülerin setzt sich engagiert und verständig mit dem Text auseinander, aber sie argumentiert an einigen Stellen zu ungenau. Außerdem hält sie nicht immer den Sachstil ein. Kompliziert formuliert ist nicht immer mit gelungen gleichzusetzen. Trotzdem zeigt sie die tieferen Gedanken und ein größeres Verständnis für den Text des Germanisten Safranski.

E

Sachtextanalyse

Was müssen Sie über die Analyse von Sachtexten wissen?

Die Analyse eines Sachtextes hat entweder einen Gebrauchstext (z. B. Kommentar, Glosse, Rede), eine wissenschaftliche oder eine philosophische Abhandlung zum Gegenstand.

Der Grund für die Beschäftigung mit solchen Texten ist seine systematische Durchdringung und daraus resultierend ein tiefer gehendes Textverständnis.

Diese Aufsatzart besteht normalerweise aus den beiden Blöcken Inhaltswiedergabe und Analyseteil. Bei der Bearbeitung des Themas sollten Sie genau darauf achten, was die Aufgabenstellung verlangt.

Meistens sind folgende Punkte zu bearbeiten:

- Zusammenfassung des Textinhalts/strukturierte Textwiedergabe
- Darlegung des Argumentationsaufbaus und der Gedankenführung
- Analyse sprachlicher und rhetorischer Mittel
- Herausarbeiten der Intention des Autors

Vorsicht, Falle!

Die sechs häufigsten Fehler, die bei der Analyse von Sachtexten gemacht werden, sind:

- Die Textwiedergabe ist unvollständig; die Kernaussage wird nicht richtig herausgearbeitet.
- Der Verfasser löst sich nicht von der Vorlage und gestaltet seinen Aufsatz im Stil des Originals – eine Gefahr vor allem bei humoristischen Texten.
- Die Argumentationsstruktur des Sachtextes wird nicht vollständig durchschaut.
- Der Aufsatz wird ungleichgewichtig, da einer Teilfrage zu viel Aufmerksamkeit geschenkt wird – zum Beispiel Betonung der Sprachanalyse zu Ungunsten der Deutung.
- Sprachlich-stilistische Mittel werden aneinandergereiht, ohne dass ihre Bedeutung erkannt wird.
- Es werden Behauptungen aufgestellt, die nicht mit Textzitaten belegt werden.

G. E. Lessing: Über die Wahrheit

1 **Geben Sie das Thema und die Kernaussagen des folgenden Textes wieder. Untersuchen Sie genau den gedanklichen Aufbau und die Argumentationsstruktur. Analysieren Sie die sprachliche Gestaltung des Textes und bestimmen Sie – davon ausgehend und unter Berücksichtigung der textexternen Faktoren – die Intention des Autors.**

Zusatzinformationen:
Der Kritiker, Dramatiker und philosophisch-theologische Publizist Gotthold Ephraim Lessing (1729–1781) repräsentiert den Höhepunkt der Aufklärung in Deutschland. Lessings Worte über die Wahrheit stammen aus einer theologischen Kontroverse im Jahre 1777.

Über die Wahrheit

Ein Mann, der Unwahrheit unter entgegengesetzter Überzeugung in guter Absicht ebenso scharfsinnig als bescheiden durchzusetzen sucht, ist unendlich mehr wert als ein Mann, der die beste, edelste Wahrheit aus Vorurteil, mit Verschreiung seiner Gegner, auf alltägliche Weise verteidiget.

Will es denn eine Klasse von Leuten nie lernen, dass es schlechterdings nicht wahr ist, dass jemals ein Mensch wissentlich und vorsätzlich sich selbst verblendet habe? Es ist nicht wahr, sag ich; aus keinem geringen Grunde, als weil es nicht möglich ist. Was wollen sie denn also mit ihrem Vorwurfe mutwilliger Verstockung, geflissentlicher Verhärtung, mit Vorbedacht gemachter Pläne, Lügen auszustaffieren, die man Lügen zu sein weiß? Was wollen sie damit? Was anders, als – Nein; weil ich auch ihnen diese Wahrheit muss zugutekommen lassen; weil ich auch von ihnen glauben muss, dass sie vorsätzlich und wissentlich kein falsches verleumderisches Urteil fällen können: so schweige ich und enthalte mich alles Widerscheltens.

Nicht die Wahrheit, in deren Besitz irgendein Mensch ist oder zu sein vermeinet, sondern die aufrichtige Mühe, die er angewandt hat, hinter die Wahrheit zu kommen, macht den Wert des Menschen. Denn nicht durch den Besitz, sondern durch die Nachforschung der Wahrheit erweitern sich seine Kräfte, worin allein seine immer wachsende Vollkommenheit bestehet. Der Besitz macht ruhig, träge, stolz. ▸▸

> Wenn Gott in seiner Rechten alle Wahrheit und in seiner Linken den einzigen immer regen Trieb nach Wahrheit, obschon mit dem Zusatze, mich immer und ewig zu irren, verschlossen hielte und spräche zu mir: wähle! Ich fiele ihm mit Demut in seine Linke und sagte: Vater gib! Die reine Wahrheit ist ja doch nur für dich allein!

Beispiel 1

A Theologische Kontroversen heute und zur Zeit Lessings
B Analyse des Textes „Über die Wahrheit" von G. E. Lessing
- I. Thema des Textes
- II. Wiedergabe der Kernaussagen
  1. Verteidigung der Unwahrheit in bestimmten Fällen
  2. Unmöglichkeit einer bewussten Entscheidung gegen die Wahrheit
  3. Streben nach Wahrheit als wesentliche Aufgabe des Menschen
- III. Gedankenführung
- IV. Untersuchung der Argumentationsstruktur
- V. Analyse der sprachlichen Gestaltung
- VI. Intention des Autors

C Persönliche Beurteilung von Lessings Thesen

Religiöse und weltanschauliche Diskussionen sind heutzutage nicht selten. Meist versuchen zwei Parteien, sich gegenseitig „ihre Wahrheit" aufzudrängen, ohne darauf zu achten, dass es unter Menschen keine absolute Wahrheit geben kann und keiner von uns im Besitz der Wahrheit ist. Auch der Aufklärer Lessing beschäftigt sich mit diesem Themenkomplex in seinem Aufsatz „Über die Wahrheit", der ein Ausschnitt aus einer theologischen Kontroverse aus dem Jahr 1777 ist. Das Thema des vorliegenden Textausschnitts ist Wahrheit im religiösen Bereich und der Umgang des Menschen mit ihr.

Zuerst behauptet Lessing, dass ein Mann als besser einzuschätzen sei, der Unwahrheit in bester Absicht verteidigt, als einer, der die Wahrheit ideologisch verblendet gegen seine Mitmenschen einsetzt. Dann meint Lessing, es sei unmöglich, dass ein Mensch absichtlich die Unwahrheit der Wahrheit vorziehe. Ferner mache den Wert des Menschen nicht die Kenntnis der Wahrheit, sondern das Streben nach ihr aus.

Hinsichtlich der Gedankenführung Lessings ist festzustellen, dass er offenbar auf den Vorwurf „mutwilliger Verstockung, geflissentlicher Verhärtung, mit Vorbedacht gemachter Pläne“ (Z. 9 f.) reagiert und sich gegen die Unterstellung, bewusst Unwahrheiten zu verbreiten, wehrt.

Im ersten Abschnitt verteidigt er sich, wenn er sagt, es sei besser, die Unwahrheit in guter Absicht durchsetzen zu wollen als die Wahrheit zu missbrauchen. Im zweiten Abschnitt verteidigt er sich weiter, dass er, falls er die Unwahrheit vertrete, dies nicht mit Absicht tue. Im dritten und vierten Abschnitt wird schließlich der Vorwurf der Unwahrheit hinfällig, als Lessing sagt, es komme nicht darauf an, dass man die Wahrheit besitzt, sondern dass man sie erstrebt. Im vierten Abschnitt macht er klar, dass dies nur in einer demütigen Haltung gegenüber Gott geschehen könne.

Die Argumentationsstruktur ist nicht nach der Art einer strengen Erörterung aufgebaut. So behauptet Lessing immer wieder etwas, begründet es aber nicht. Beispielhaft ist hierfür der gesamte erste Abschnitt. Im zweiten Abschnitt stellt Lessing rhetorische Fragen und beantwortet sie sogleich mit seinen eigenen Behauptungen. Lediglich im dritten Abschnitt folgt einer Behauptung eine Begründung. So eine Argumentation weist deutlich darauf hin, dass Lessing sich im Recht fühlt und sich gegen Vorwürfe seiner Gegner zur Wehr setzt.

Schließlich soll die sprachliche Gestaltung des Textes analysiert werden. Das sprachliche Niveau des Textes ist hoch, erkennbar an einzelnen Formulierungen wie „schlechterdings“ (Z. 5), viel mehr jedoch am stark hypotaktischen Satzbau.

Da Lessing auf moraltheologische Vorwürfe reagiert, ist klar, dass die Wortwahl aus diesem Bereich stammen muss. Er spricht von „mutwilliger Verstockung“ und „geflissentlicher Verhärtung“ (Z. 9). Gerade an dieser Stelle zeigt Lessing durch Anhäufung von Stilmitteln wie Alliteration, Parallelismus, Trikolon, Klimax und asyndetische Reihung, dass er die Gegenpartei auch durch Rhetorik überzeugen will.

Im letzten Abschnitt zeigt er seinen tiefen persönlichen Glauben, indem er Gott als „Vater“ (Z. 24) bezeichnet. Da Lessing sich in einer theologischen Kontroverse befindet, besteht seine Intention darin, die Vorwürfe der anderen Seite abzuweisen. Gleichzeitig versucht er, seine Leser von aufklärerischem Gedankengut zu überzeugen.

Lessing mag die Menschen seiner Zeit überzeugt haben; für mich persönlich sind seine Argumente jedoch nicht einfach annehmbar. So denke ich, dass es schon möglich ist, dass ein Mensch sich bewusst und vorsätzlich für die Unwahrheit entscheidet, besonders dann, wenn die Wahrheit mit Unannehmlichkeiten verbunden ist.

Der Verfasser des Aufsatzes zeigt ein gutes Textverständnis. Er hat Thema, Inhalt und Intention des anspruchsvollen Textes richtig verstanden. Er kennt sich aus bei Lessing sowie in der Epoche der Aufklärung und setzt sein Wissen über Lessings Religionskontroverse bei der Interpretation geschickt ein. Schön wäre es, wenn die Gliederung auch im Analyseteil inhaltlich gefüllt wäre.

Beispiel 2

A Hintergrund von Werk und Autor
B Untersuchung des Textes
  I. Inhaltliche Betrachtung
  II. Untersuchung des Aufbaus
  III. Sprachliche Gestaltung
  IV. Aussageabsicht
C Historische Beurteilung

G. E. Lessing, der bekannteste Vertreter der geistigen Strömung der Aufklärung im 18. Jahrhundert, wandte sich in seinen Werken gegen die bestehenden Verhältnisse: Der Adel war zu einflussreich und das Bürgertum sollte gesellschaftlich aufsteigen. Vor dem Hintergrund dieser Zeit entstand auch seine Schrift „Über die Wahrheit" im Rahmen einer theologischen Kontroverse.

Darin wendet sich Lessing gegen den Vorwurf des Adels, die anderen Klassen seien aus eigener Schuld blind gegen die Wahrheit, auch wenn Lessing nicht explizit die Adligen als diejenigen nennt, die dies behaupten. Der Autor sagt, dies sei gar nicht möglich, zudem sei das Streben nach Wahrheit wichtiger als die Kenntnis der Wahrheit. Außerdem seien die Mittel, mit denen man die Wahrheit verteidigt, von größerer Bedeutung als die Wahrheit selbst.

Ausgehend von dieser Eingangsthese wehrt er die Kritik des Adels, die Menschen würden „sich selbst verblenden" (Z. 6 f.), mit der Begründung ab, dies sei unmöglich. Lessing setzt seinerseits zu einer Kritik am Adel an, zieht diese aber mit derselben Begründung zurück, dass auch der Adel sich nicht mutwillig selbst verblendet haben könne. Er verdeutlicht dies dadurch, dass das Suchen nach Wahrheit mehr wert als der Besitz derselben sei. Dies wird begründet und mit einem religiösen Bild veranschaulicht.

Die Kritik wird verstärkt durch die Anapher „Was wollen sie damit?" und „Was anders" (Z. 10 f.), die zugleich eine rhetorische Frage darstellt. Die Andeutung von Tadel, der jedoch zurückgezogen wird, zeigt die Konsequenz von Lessings Denkweise, weil er dies mit derselben Begründung erklärt, mit der er die Vorwürfe des Adels zurückweist.

Die negative Darstellung des Besitzes der Wahrheit wird ausgedrückt durch die Klimax „ruhig, träge, stolz" (Z. 20). Mit dem letzten Satz „Die reine Wahrheit ist ja doch nur für dich (= Gott) allein!" (Z. 24 f.) stellt er den Adel als nicht gottesfürchtig und nicht demütig hin, weil dieser offenbar von sich behauptet, im Besitz der Wahrheit zu sein.

Bei der Betrachtung des Textes ist auffällig, dass Lessing sehr stark mit Gegensatzpaaren arbeitet: „Lüge" – „Wahrheit", „Besitz" – „Nachforschung", „Rechte" – „Linke" (Z. 21). Weiß man von den Umständen, unter denen der Text entstand, nämlich der Zeit der Aufklärung, so ist klar, dass mit dieser Antithetik der Gegensatz zwischen Bürgertum und Adel gemeint ist.

Damit ist auch bewiesen, dass Lessing den Adel stark kritisieren will, wie er es auch in anderen Werken wie „Emilia Galotti" getan hat. Man muss nun aber sagen, dass diese Kritik wohl kaum ihr Ziel erreicht haben wird, da der Adel sich selbst nicht kritisch genug gegenüber war, um einen solchen Text zu lesen.

Dieser Aufsatz ist ein tragisches Beispiel dafür, wie man eine stringente Argumentation auf völlig falschen Voraussetzungen aufbaut und dadurch zu absolut falschen Ergebnissen kommt. Lessing spricht keineswegs vom „Gegensatz zwischen Bürgertum und Adel". Der eigene Interpretationsansatz muss also immer wieder am Text überprüft werden. Es wäre auch geschickt gewesen, die hilfreichen Zusatzinformationen über dem Text zu lesen, da darin Hinweise auf die theologische Interpretation und damit auf die richtigen Adressaten gegeben werden. Man muss der Arbeit dennoch bescheinigen, dass sie gute Kenntnisse zur Aufsatztechnik beweist; allerdings ist die Gliederung inhaltsleer.

S. Rückert: Der Mensch und das Korrekturprogramm

2 **Geben Sie kurz Inhalt und Aufbau des folgenden Textes wieder. Untersuchen Sie genau die sprachliche Gestaltung des Artikels und erläutern Sie die Funktion der einzelnen Stilmittel. Bestimmen Sie – ausgehend von Ihren Ergebnissen – die Textsorte sowie die Intention der Verfasserin.**

Sabine Rückert verfasste folgenden Artikel, der in der Wochenzeitung DIE ZEIT am 26.11.1993 veröffentlicht wurde:

Der Mensch und das Korrekturprogramm

Höher als alle Vernunft

Mit kaum jemandem verlebt der Mensch so viele Stunden reichen Dialogs, mit niemandem hat er so viel Spaß wie mit seinem Computer. Der *personal* ist des modernen Menschen Freund, er ist vernünftig, er ist diskret, er spart nicht mit guten Ratschlägen. Wie beruhigend, ihn um sich zu wissen. In schweren Stunden greift er wegweisend ins Leben ein. Zu diesem Behufe hat er ein Korrekturprogramm. Es kümmert sich darum, dass wir die richtigen Worte finden. Dieses stimmt froh. Der Mensch ist nicht mehr so allein mit sich und der Orthographie.

Zu babylonischen Kompatibilitätskalamitäten kann es freilich kommen – wenn der Mensch und sein Freund, der Computer, in verschiedenen Sprachen reden. Was immer dann passieren kann, wenn der Mensch beruflich dem dient, welcher höher ist als alle Vernunft – wenn er nämlich ein Herr Pfarrer ist. Als Herr Pfarrer kommt der Mensch nicht umhin – beim Verfassen seiner Sonntagspredigt wie im täglichen Schriftverkehr mit anderen Frommen dieser Welt –, seinem Schreibcomputer die rätselhaftesten Ausdrücke zuzumuten. Doch mag dieser, aufgrund seines zeitgeistlichen Korrekturprogramms, Geistliches nicht unwidersprochen hinnehmen. Das schöne Wort *Diakonisse* beispielsweise möchte er kaltherzig flugs zur *Diagnose* verbessert wissen. Auch wer *diakonisch* niederschreibt, kann sich nach seiner Meinung nur verschrieben haben: „Sie meinen wohl *drakonisch*", merkt er strafend an. Das mit *ökumenisch* und *ökonomisch* ist ein alter Witz, doch der Computer hat ihn noch nie gehört. Kurzweil kommt auf, wenn der Computer das Wort *Samariter* durch *Samtartiger* auszutauschen vorschlägt und *Kanaanäer* durch *Kanonier* beziehungsweise *Kanadier* ersetzt sehen will. Doch wann war Jesus Kanonier in Kanada? ▸▸

Und woher soll eine Ausgeburt des 20. Jahrhunderts auch wissen, dass *Naphtali* einer der zwölf Stämme Israels ist? Niemand hat es ihm je gesagt. Dagegen ist ihm *Naphthalin* wohlbekannt. Daraus stellt man Mottenkugeln her. (...)

Was ein *Pharisäer* ist, weiß nicht nur der Volltheologe, doch unser vollelektronischer Korrektor ist ahnungslos: *Pariser*, ruft er keck und schämt sich nicht. (Die Gegenprobe mit *Kondom* übrigens überfordert ihn ebenfalls – das nur zur Ehrenrettung, es fällt ihm nur noch *Konto* ein.) (...) Nicht einmal die Abkürzung für das Alte Testament, *AT,* mag er durchgehen lassen: „Ändern in *a. D.*", widerspricht er dienstbeflissen, aber als Alternative bietet er immerhin das Kürzel der amerikanischen Telefongesellschaft *AT&T* an. Das ist von dieser Welt, das kennt er. (...)

So ist das mit dem „gängigen Korrekturprogramm" von ein paar hunderttausend Wörtern: Das Gängige wird dem Unumgänglichen nicht gerecht. Zum Trost ist *Ostern* im Programm noch vorgesehen, auch *Pfingsten* und *Weihnacht*. So bleiben dem Seelsorger *Obstkern*, *Dingsda* und *Weinkrampf* erspart.

Beispiel 1

A Rolle des Computers in unserer Welt
B Analyse des Textes „Der Mensch und das Korrekturprogramm"
  I. Wiedergabe des Inhalts
  II. Aufbau des Artikels
  III. Untersuchung der sprachlichen Gestaltung
    1. Wortwahl
    2. Satzbau
    3. Stilmittel
  IV. Einordnung des Textes
  V. Intention der Autorin
C Versuch einer Aktualisierung

In unserer technisierten Welt läuft nichts mehr ohne Computer. Was soll man also tun, wenn dieser nicht so will wie man selbst? Der im Folgenden zu analysierende Text „Der Mensch und das Korrekturprogramm – Höher als alle Vernunft", der der Wochenzeitung „Die Zeit" vom 26.11.1993 entnommen wurde, stellt sehr amüsant Probleme des Menschen mit einem Computer dar.

Die Autorin Sabine Rückert beschreibt den Computer als den besten Freund und Helfer des Menschen. Ganz besonders betreffe das den Bereich der Rechtschreibung, bei der die Maschine jedoch einige Fehler aufzuweisen scheint. Frau Rückert nimmt ihre Beispiele aus der Berufswelt des Pfarrers, der bei der Eingabe seiner Sonntagspredigt in den Computer zur Verzweiflung getrieben wird. Viele religiöse Begriffe erkennt der Computer nicht als solche, sondern meint Rechtschreibfehler vorzufinden, da ihm das biblische Vokabular nicht eingegeben wurde. Durch die automatischen und völlig unsinnigen „Verbesserungen" des Computers gerät die Sonntagspredigt zur Lachnummer. Einige Verbesserungsvorschläge sind geradezu anrüchig. Tröstlich ist für die Autorin nur, dass der Computer zumindest die hohen kirchlichen Feste wie Ostern und Weihnachten kennt und diese von einer unnötigen Korrektur verschont.

Der äußere Aufbau des Textes ist typisch für eine Glosse. Er ist durch klare Absätze gegliedert, die Überschrift ist besonders abgesetzt und soll den Leser anlocken. Bei genauerer Betrachtung stellt man fest, dass in der Einleitung eine Art These aufgestellt wird, nämlich, dass der Computer den Menschen in allen Lebenslagen unterstützt. Im folgenden Hauptteil wird diese These ad absurdum geführt, indem ein verzweifelter Priester beschrieben wird, der beim Verfassen seiner Sonntagpredigt mit seinem Rechtschreibprogramm kämpft. Anschließend wird beispielhaft dargestellt, wie sich solche Probleme äußern: Es werden zahlreiche religiöse Begriffe wie „Diakonisse" oder „Samariter" nicht erkannt und vom Computer einfach in Begriffe wie „Diagnose" oder „Samtartiger" (Z. 22) geändert. Zum Schluss bestehe aber doch noch Hoffnung, da der Computer immerhin hohe kirchliche Feiertage kennt.

Beim Betrachten des Untertitels fällt auf, dass dieser erst verständlich wird, wenn man den Text gelesen und die Situationskomik verstanden hat.

Die sprachliche Gestaltung ist durchaus als originell zu bezeichnen. Eine Anhäufung von Stilmitteln sorgt für eine belustigende Wirkung des Textes beim Leser. Das auffälligste Stilmittel dürfte die Vermenschlichung des Computers sein. Dieser wird personifiziert als bester Freund des Menschen: „(…) er ist vernünftig, er ist diskret, er spart nicht mit guten Ratschlägen. Wie beruhigend, ihn um sich zu wissen" (Z. 3 f.).

Im Hauptteil spielt die Autorin hauptsächlich mit antithetischen Begriffen wie „diakonisch" und „drakonisch" (Z. 18 ff.) oder „Kanaanäer" und „Kanonier" (Z. 23). Das Ganze wird auf die Spitze getrieben, indem der kirchliche Begriff „Pharisäer" dem „Pariser" (Z. 29 f.) gegenübergestellt wird. So wird klar, dass der Computer eben nicht der beste Freund des Menschen ist, sondern nur eine Maschine mit einem „zeitgeistlichen Korrekturprogramm" (Z. 16).

Durch die vielen Beispiele wirkt der Text aber nicht nur antithetisch, sondern auch pointiert, was dem Verständnis des Textes aber nicht schadet. Im Gegenteil – das Problem wird dem Leser auf besonders unterhaltsame Weise nahe gebracht. Unterstützt wird diese Pointierung durch den Satzbau, zum Beispiel durch Gedankenstriche, Einschübe und Bemerkungen in Klammern.

Damit ist klar, dass dieser Text der Gattung der Glosse angehört. Ein typisches Merkmal dieser journalistischen Form ist der leicht ironische Unterton, der den gesamten Text durchzieht, ebenso wie die Fülle von sprachlichen Auffälligkeiten, Wortspielen sowie Wortwitz.

Ferner fällt auf, dass die Autorin bewusst zwischen Sprachebenen wechselt. Zunächst vermittelt sie den Eindruck einer sachlichen Darstellung, zeigt aber durch die Verwendung flapsiger rhetorischer Fragen, dass sie keineswegs eine ernst gemeinte Abhandlung schreiben will, sondern eine Glosse.
Beim Erfassen des tieferen Sinnes des Textes erkennt man allerdings, dass dieser nicht nur amüsieren, sondern auch zum Nachdenken anregen soll, was der Aufgabe einer Glosse ebenfalls entspricht. Hier wird insbesondere die Problematik beleuchtet, dass wir uns heutzutage viel zu sehr auf Maschinen verlassen.

Und genau darin besteht die Aussageabsicht der Autorin. Der Leser sollte in Erwägung ziehen, dass technischer Fortschritt nicht immer nur Gutes mit sich bringt. Besonders ist hier noch einmal auf den Untertitel „Höher als alle Vernunft“ zu verweisen. Dieser ist sehr ironisch, denn nicht der Computer, sondern Gott ist die höchste Vernunftinstanz. Schon hier deutet sich an, dass der Computer im Text wieder an seinen Platz als fehlerhaftes Hilfsmittel gerückt werden soll.

Da der Text bereits 1993 erschienen ist, muss man wohl berücksichtigen, dass zu jener Zeit der technische Fortschritt, was Computer betrifft, nicht an die heutige Zeit heranreichen kann. Allerdings ist das grundsätzliche Problem, dass der Computer Sachverhalte nicht selbstständig verstehen kann, bis heute nicht gelöst und wird in absehbarer Zeit nicht zu lösen sein.

Flotter, sehr gut lesbarer Stil zeichnet diese Arbeit aus. Sie bringt eine stringente Argumentation mit guten Textzitaten. Auch die Deutung ist sehr überzeugend, da sie die Merkmale der Textart Glosse auf den konkreten Text anwendet.

Beispiel 2

A Hinweise zur Autorin, zur Aufgabenstellung und zum Text
B Analyse des Textes
  I. Inhalt und Aufbau des Textes
    1. Basissatz
    2. Knappe Inhaltsangabe
    3. Untersuchung des Aufbaus
  II. Sprachliche Gestaltung des Textes
  III. Bestimmung der Textsorte und Aussageabsicht der Autorin
C Wertung und Deutung des Textes

Sabine Rückert hat vor einiger Zeit eine Glosse verfasst, die am 26.11.1993 in der Wochenzeitung „Die Zeit" veröffentlicht wurde. Der zu analysierende Text „Der Mensch und das Korrekturprogramm – Höher als alle Vernunft" gibt die Probleme wieder, die ein Theologe mit einem Schreibprogramm auf seinem PC hat.

In der Glosse von Sabine Rückert geht es um die Fehler, die ein Rechtschreibprogramm auf einem Computer macht, wenn es Wörter korrigiert, von denen vor allem der theologische Bereich Gebrauch macht, also veraltete Wörter.

Im Text wird von Anfang an der Standpunkt vertreten, dass ein Computer für die Menschen eigentlich der beste Freund ist, da er stets menschliche Fehler verbessert und weil auf die Genauigkeit des Rechners immer Verlass ist. Nur Geistliche haben beim Schreiben ihrer Reden ihre Probleme, da das Korrekturprogramm alte Wörter wie „Samariter" oder „Kanaanäer" nicht kennt und Verbesserungsvorschläge wie „Samtartiger" bzw. „Kanadier" macht. Allerdings sind die Programme auch im alltäglichen Sprachgebrauch fehlerhaft, da sie zum Beispiel aus dem Wort „Kondom" „Konto" machen.

Der Text „Höher als alle Vernunft" besteht aus drei Teilen: zum Ersten aus der Hinführung zur Argumentation, dann aus der These, die fast den gesamten zweiten Abschnitt einnimmt: „Zu babylonischen Kompatibilitätskalamitäten (…) Geistliches nicht unwidersprochen hinnehmen". Der Rest besteht aus Beispielen, die die These anschaulich machen. Die gesamte Glosse umfasst folglich nur ein Argument.

Frau Rückert verwendet in dem rein sachlichen und kommentierenden Text viele Fremdwörter, die aber alle als Beispiele für die These dienen (z. B. „Naphthalin"). Ferner beinhaltet der Text drei Stilmittel, zum einen die Ironie: „Mit niemandem hat der Mensch so viel Spaß wie mit seinem Computer", zum anderen eine Hyperbel (siehe letztes Beispiel). Ferner verwendet die Autorin eine Personifikation, wie man im Satz „Der personal ist des modernen Menschen Freund“ sehen kann. Die beiden zuletzt genannten Stilfiguren dienen der Veranschaulichung des Textes, die Ironie zur Erheiterung des Lesers, der auch durch die zahlreichen lustigen Beispiele („Kondom“ – „Konto“) zum Weiterlesen angeregt wird.

Beim vorliegenden Text handelt es sich, wie bereits oben erwähnt, um eine Glosse, die in einer Zeitung veröffentlicht wurde. Der Text ist kommentierend geschrieben und regt dadurch den Leser zur Meinungsbildung an. Denn beim Thema Computer gehen die Meinungen der Menschen deutlich auseinander, was natürlich altersbedingt ist.

S. Rückert will außerdem noch deutlich machen, dass der Mensch nicht allzu abhängig vom Computer werden soll. Das kommt vor allem im ersten Abschnitt gut heraus, wo sie die Ironie als Stilmittel verwendet. Ferner wird durch die Glosse festgestellt, dass die Computer ebenso wenig fehlerfrei sind wie die Menschen, was ebenfalls durch die Ironie Zeile 2 ff. deutlich wird.

Meiner Meinung nach ist der Text „Höher als alle Vernunft“ von S. Rückert gut gelungen, da er die Leser durch Ironie und lustige Beispiele zum Weiterlesen anregt. Ich kann mich der Meinung der Autorin nur anschließen, da ich selbst oft die Erfahrung gemacht habe, dass Rechtschreibkorrekturprogramme sehr fehlerhaft arbeiten. Softwarefirmen sollten über Verbesserungen nachdenken. Man muss allerdings dabei berücksichtigen, dass Menschen dadurch merklich abhängiger von Computern werden und somit irgendwann gar nicht mehr fähig sind, selbstständig zu denken.

☹ ☹ ☹

Die Einleitung dieser Arbeit führt nicht zum Thema hin; sie ist eigentlich ein Basissatz, der nur Informationen bringt, die im Hauptteil noch einmal kommen. Werturteile wie „veraltete Wörter“ sollte man vermeiden. Dies kann zu Fehleinschätzungen führen. Genau das passiert hier: Die Inhaltsangabe zeigt, dass das Hauptthema des Textes nicht erkannt wurde, was im Schlussgedanken noch einmal bekräftigt wird. Fachbegriffe werden falsch verwendet: rein sachlich *und* kommentierend. Ungeschickt ist es auch, immer die gleichen Zitate zu bringen oder sie in Klammern zu setzen. Was in Klammern steht, ist unwichtig, Zitate jedoch sind Beweise, die mit Zeilenangaben versehen werden müssen. Sprachliche Mittel des Zeitungstextes werden zwar erkannt, aber nur banal gedeutet. Es ist wenig aussagekräftig, zu schreiben, dass sie nur zur Veranschaulichung dienen, zum Weiterlesen anregen oder ausschmücken.

F Erschließung eines Erzähltextes

Was müssen Sie über die Erschließung eines Erzähltextes wissen?

Diese Aufsatzform beschäftigt sich mit epischen Texten. Hierbei kann es sich um eine epische Kurzform wie Parabel oder Kurzgeschichte handeln. Möglich ist aber auch ein Ausschnitt aus einem Roman, einer Novelle oder Erzählung. Notwendig sind neben Analysetechniken gattungsspezifische Kenntnisse (Erzählsituation, Darstellungsweise, Raum-Zeit-Struktur), Epochenwissen (soziokultureller und geistesgeschichtlicher Hintergrund) sowie Informationen zum Autor.

Wie bei der Sachtextanalyse auch gibt es bei der Erschließung eines literarischen Textes zwei große Teile:

- Erfassung des Textinhalts
- Untersuchung der formalen Elemente des Textes in ihrer Funktion mit dem Ziel einer Gesamtdeutung

Bei der Bearbeitung des Themas sollten Sie darauf achten, was die Aufgabenstellung im Besonderen verlangt. Meistens sind folgende Punkte zu behandeln:

- Zusammenfassung des Textinhalts/strukturierte Textwiedergabe
- Darlegung des Aufbaus und der Textkomposition
- Analyse sprachlicher und erzähltechnischer Mittel
- Herausarbeiten der Textaussage mit Autorintention

Vorsicht, Falle!

Die sechs häufigsten Fehler, die bei der Erschließung eines Erzähltextes gemacht werden, sind:

- Die Textwiedergabe ist unvollständig; die Kernaussage wird nicht richtig herausgearbeitet.
- Erzählperspektive und Raum-Zeit-Struktur werden falsch eingeschätzt. Besonderheiten wie Rahmenhandlung versus Binnenhandlung oder erlebte Rede versus innerer Monolog werden nicht erkannt.
- Zwischen Autor und Erzähler wird nicht unterschieden.
- Der Aufsatz wird ungleichgewichtig, da einer Teilfrage zu viel Aufmerksamkeit geschenkt wird, zum Beispiel Betonung der Sprachanalyse zu Ungunsten der Deutung.
- Sprachlich-stilistische Mittel werden aneinandergereiht, ohne in ihrer Funktion bestimmt zu werden.
- Es werden Behauptungen aufgestellt, die nicht mit Textzitaten belegt werden.

B. Brecht: Wenn die Haifische Menschen wären

1 **Interpretieren Sie den folgenden Text von Bertolt Brecht aus den „Geschichten vom Herrn Keuner" nach Inhalt und Aufbau sowie Sprache und Deutung.**

Wenn die Haifische Menschen wären

„Wenn die Haifische Menschen wären", fragte Herrn K. die kleine Tochter seiner Wirtin, „wären sie dann netter zu den kleinen Fischen?" „Sicher", sagte er. „Wenn die Haifische Menschen wären, würden sie im Meer für die kleinen Fische gewaltige Kästen bauen lassen, mit allerhand Nahrung drin, sowohl Pflanzen als auch Tierzeug. Sie würden sorgen, daß die Kästen immer frisches Wasser hätten, und sie würden überhaupt allerhand sanitäre Maßnahmen treffen. Wenn zum Beispiel ein Fischlein sich die Flosse verletzen würde, dann würde ihm sogleich ein Verband gemacht, damit es den Haifischen nicht wegstürbe vor der Zeit. Damit die Fischlein nicht trübsinnig würden, gäbe es ab und zu große Wasserfeste; denn lustige Fischlein schmecken besser als trübsinnige. Es gäbe natürlich auch Schulen in den großen Kästen. In diesen Schulen würden die Fischlein lernen, wie man in den Rachen der Haifische schwimmt. Sie würden zum Beispiel Geographie brauchen, damit sie die großen Haifische, die faul irgendwo liegen, finden könnten.

Die Hauptsache wäre natürlich die moralische Ausbildung der Fischlein. Sie würden unterrichtet werden, daß es das Größte und Schönste sei, wenn ein Fischlein sich freudig aufopfert, und daß sie alle an die Haifische glauben müßten, vor allem, wenn sie sagten, sie würden für eine schöne Zukunft sorgen. Man würde den Fischlein beibringen, daß diese Zukunft nur gesichert sei, wenn sie Gehorsam lernten. Vor allen niedrigen, materialistischen, egoistischen und marxistischen Neigungen müßten sich die Fischlein hüten und es sofort den Haifischen melden, wenn eines von ihnen solche Neigungen verriete.

Wenn die Haifische Menschen wären, würden sie natürlich auch untereinander Kriege führen, um fremde Fischkästen und fremde Fischlein zu erobern. Die Kriege würden sie von ihren eigenen Fischlein führen lassen. Sie würden die Fischlein lehren, daß zwischen ihnen und den Fischlein der anderen Haifische ein riesiger Unterschied bestehe. Die Fischlein, würden sie verkünden, sind bekanntlich stumm, aber sie schweigen in ganz verschiedenen Sprachen und können einander daher unmöglich verstehen. Jedem Fischlein, das ▶▶

im Krieg ein paar andere Fischlein, feindliche, in einer anderen Sprache schweigende Fischlein, tötete, würden sie einen kleinen Orden aus Seetang anheften und den Titel Held verleihen.

Wenn die Haifische Menschen wären, gäbe es bei ihnen natürlich auch eine Kunst. Es gäbe schöne Bilder, auf denen die Zähne der Haifische in prächtigen Farben, ihre Rachen als reine Lustgärten, in denen es sich prächtig tummeln läßt, dargestellt wären. Die Theater auf dem Meeresgrund würden zeigen, wie heldenmütige Fischlein begeistert in die Haifischrachen schwimmen, und die Musik wäre so schön, daß die Fischlein unter ihren Klängen, die Kapelle voran, träumerisch, und in allerangenehmste Gedanken eingelullt, in die Haifischrachen strömten.

Auch eine Religion gäbe es da, wenn die Haifische Menschen wären. Sie würde lehren, daß die Fischlein erst im Bauch der Haifische richtig zu leben begännen.

Übrigens würde es auch aufhören, wenn die Haifische Menschen wären, daß alle Fischlein, wie es jetzt ist, gleich sind. Einige von ihnen würden Ämter bekommen und über die anderen gesetzt werden. Die ein wenig größeren dürften sogar die kleineren auffressen. Das wäre für die Haifische nur angenehm, da sie dann selber öfter größere Brocken zu fressen bekämen. Und die größeren, Posten habenden Fischlein würden für die Ordnung unter den Fischlein sorgen, Lehrer, Offiziere, Ingenieure im Kastenbau usw. werden. Kurz, es gäbe überhaupt erst eine Kultur im Meer, wenn die Haifische Menschen wären."

Beispiel 1

A Keuner-Geschichten
B Interpretation der Parabel „Wenn die Haifische Menschen wären" von Bertolt Brecht
  I. Inhalt und Aufbau
  II. Sprachanalyse
    1. Satzbau
    2. Wortwahl
  III. Deutung
    1. Vergleich von Bild- und Sachebene
    2. Aussage
C Verbindung zum Ausdruck „wohl wie ein Fisch im Wasser"

Die Parabel „Wenn die Haifische Menschen wären" von Bertolt Brecht ist eine Erzählung aus der Reihe der Keuner-Geschichten und stellt die Macht der Führungsriege eines totalitären Staates dar.

Die Parabel ist in drei inhaltliche Abschnitte gegliedert. Im ersten Teil wird Herrn Keuner von der kleinen Tochter seiner Wirtin die Frage gestellt, ob Haifische freundlicher mit kleineren Fischen umgehen würden, wenn sie Menschen wären.
Diese Frage beantwortet er im zweiten Abschnitt ausführlich und begründet seine positive Aussage, indem er dem Mädchen aufzählt, welche Vorteile sich für die kleinen Fische ergeben würden. Er stellt einen systematisch gegliederten Staat dar, in dem Bildung und Kultur gefördert werden und verschiedene soziale Dienstleistungen bestehen. Allerdings gibt es in diesem Staat auch eine verordnete Moral, Religion und Feindbilder, die zum Krieg mit anderen Fischschwärmen führen. Eine feste Rangordnung sorgt für klare soziale Verhältnisse.
Der dritte Teil besteht nur aus einem Satz, welcher den zweiten Abschnitt kurz zusammenfasst und noch einmal verdeutlicht, dass es im Meer nur dann eine „Kultur" (Z. 53) geben könne, wenn die Haie menschliche Verhaltensweisen zeigen würden.

Wenn man die Sprache näher betrachtet, fällt unter anderem der Satzbau auf. Die Sätze sind einfach gehalten. Dadurch wird der Text im Zusammenhang sehr leicht verständlich. Es gibt keine schwierigen Satzkonstruktionen; es dominieren Satzgefüge mit „dass"/„damit" (z. B. Z. 5 ff. und Z. 9 ff.) oder Konditionalsätze. Dadurch bildet die Erzählung eine Einheit, die ohne Schwierigkeiten zu verstehen ist. Herr Keuner spricht ja zu einem Kind.

Brecht verwendet in dieser Parabel viele Verben der Bewegung und nur wenige Ausdrücke, die Gefühle beschreiben. Dadurch stellt der Autor die Aktivität in dem beschriebenen Staat dar, Arbeit und Gemeinschaft machen ein Nachdenken unnötig. Durch die Verniedlichung „Fischlein" (z. B. Z. 25) will Brecht die Unterschiede im Machtgefüge darstellen. Der Hai ist der große Herrscher, das Fischlein dagegen nur ein Teil der großen Volksmasse.

Wenn man die Parabel deutet und dabei Bild- und Sachebene miteinander vergleicht, wird klar, dass die Haifische für führende Personen in einem Staat stehen. Die Fischlein dagegen sind einfache Bürger, die in diesen Staat eingegliedert sind. Beispiele wie „Wasserfeste" (Z. 10), „Schulen" (Z. 11), „Kriege" (Z. 25) und „Theater auf dem Meeresgrund" (Z. 38) stehen für die guten und schlechten Aspekte dieser Gemeinschaft. Betrachtet man die Darstellung der Religion, die auf der Aussage gründet, dass die Fische im Bauch der Haie erst richtig zu leben begännen, so zeigt sich, dass die freundlich erscheinenden Haie nur danach trachten, die kleinen Fische zu fressen, wie es ihre Haifischnatur ist.

Brecht stellt mit dieser Parabel die Situation Deutschlands in der Zeit des Nationalsozialismus dar, wobei die Haifische Hitler und seine Mittäter sind und die Fischlein für all die Menschen stehen, die durch die schlauen Methoden der Nationalsozialisten in ihren Bann gezogen wurden. Er zeigt die Hilflosigkeit der Menschen, sich diesem System zu entziehen und andere Wege zu gehen als die vom Staat vorbestimmten. Die Parabel verdeutlicht, dass die Menschen unter Hitler zwar immer das Gefühl hatten, er täte alles zu ihrem Besten; jedoch im Grunde wurden sie nur auf ihr Verderben vorbereitet und in den Zweiten Weltkrieg geführt.

Ich denke, Brecht hat bei dieser Parabel nicht ohne Grund auf die Welt der Fische zurückgegriffen, denn zu Beginn der NS-Diktatur fühlten sich viele Menschen in Deutschland „wohl wie ein Fisch im Wasser". Erst später erkannten sie, welche Gefahren es mit sich bringt, mit dem Strom zu schwimmen.

Hier liegt ein Aufsatz vor, der beweist, dass eine Texterschließung knapp, klar und exemplarisch sein kann. Sie bringt wesentliche Aspekte des Textes und verbindet sie zu einer sehr guten und stringenten Deutung. Der historische Hintergrund wird klar erkannt und vorhandenes Wissen zur NS-Zeit sinnvoll genützt.

Beispiel 2

A Parabel aus den Keuner-Geschichten
B Interpretation der Parabel „Wenn die Haifische Menschen wären" von Bertolt Brecht
- I. Inhalt und Aufbau
- II. Deutung
  1. Vergleich von Bild- und Sachbereich
  2. Aussage
- III. Sprachanalyse
  1. Stilfiguren
  2. Satzbau
  3. Gebrauch der Modi

C Übertragung auf deutsche Vergangenheit

Die Parabel „Wenn die Haifische Menschen wären" von Brecht ist eine der bekannten Keuner-Geschichten und zeigt die Eigenschaften Nazi-Deutschlands anhand einer Unterwasserwelt mit Haifischen und kleinen Fischen.

Die Geschichte geht davon aus, dass Herr Keuner von einem Mädchen gefragt wird, ob die Haifische zu den kleinen Fischen netter wären, wenn sie Menschen wären. Er sagt daraufhin: „Sicher" (Z. 2) und erläutert dies an einigen Beispielen über das Leben der kleinen Fische und ihre Zukunft unter der Herrschaft der Haifische.

Brecht benutzt für seine Lehre die Form der Parabel. Darin stehen die Haifische für die „großen Köpfe" der Verbreitung der Nazi-Ideologie, die für die kleinen Fische sorgen, sie erziehen und ihnen die Zukunft sichern. Die kleinen Fische vertreten das normale Volk, das getäuscht und verführt wird und durch Propaganda auf die Seite der Nazis gezogen wird. Dafür sind meist die „Lehrer, Offiziere, Ingenieure" (Z. 52) verantwortlich.

In der vorliegenden Parabel wird der Mensch zur Zeit des Nationalsozialismus gezeigt, wie er von den Machthabern unterdrückt und beherrscht wird. Die Nazis versuchen, den Deutschen eine herrliche Welt vorzugaukeln, indem sie das Volk gut versorgen und Feste veranstalten, „damit die Fischlein nicht trübsinnig würden" und um sie für sich zu gewinnen, „denn lustige Fischlein schmecken besser als trübsinnige" (Z. 10 f.).

Die Nazis unterrichten die Menschen, wie schön es sei, für das Vaterland zu sterben, „wenn ein Fischlein sich freudig aufopfert". Das Volk wird zum Gehorsam erzogen und ihm wird beigebracht, Kriege gegen andere Völker zu führen, zu denen ein „riesiger Unterschied" bestehe. Jeder Fisch, der im Krieg feindliche Fische tötet, bekommt einen Orden. Auch in Nazideutschland wurden Kriegshelden verehrt. Die Kunst und die Religion werden für die Interessen der Haifische, also der Nazis, ausgenutzt. Diese setzen kleinere Fische ein, die die anderen kontrollieren. Auch im Nationalsozialismus wird mithilfe der Kunst Propaganda betrieben.

Die Sprache des Textes ist einfach und leicht verständlich. Bis auf die ersten Zeilen spricht ausschließlich Herr Keuner, der uns die Geschichte erzählt. Es liegt also personale Erzählhaltung vor. Trotz der einfachen Sprache verzichtet der Erzähler nicht auf Ausschmückungen. Die Sprache ist sehr bildlich: „Rachen als reine Lustgärten", „Orden aus Seetang".

Der Autor verwendet immer wieder den gleichen Satzbau, da fast jeder Satz „wenn" und „wäre" und „würde" enthält. So entstehen viele Hypotaxen: „Wenn zum Beispiel ein Fischlein sich die Flosse verletzen würde, dann würde ihm ▸▸

sogleich ein Verband gemacht, damit es den Haifischen nicht wegstürbe vor der Zeit." Die gesamte wörtliche Rede ist im Konjunktiv geschrieben, da Herr Keuner sich vorstellt, wie es wäre, wenn …

Die Parabel ist besonders hinsichtlich der deutschen Geschichte sehr treffend. Sie gibt anhand eines Beispiels genau die Methoden der Nationalsozialisten wieder. Sie will vor allem auf die Machtlosigkeit der einzelnen Menschen hinweisen und den Leser selbst nachdenken lassen, denn nachdenken heißt bei Brecht verändern.

Besonders schade an dieser Arbeit ist, dass zwar gute Kenntnisse vorhanden sind, diese aber schlecht vermittelt werden.

Der Verfasser begeht einen weit verbreiteten Fehler: Er setzt voraus, dass der Leser des Aufsatzes schon alles weiß und sich daher denken kann, was er meint. Aber es ist seine Aufgabe, die eigenen Erkenntnisse klar und deutlich auszudrücken. Dazu gehört auch, dass die Einleitung schon die Deutung bringt, die erst erarbeitet werden soll. Ein knapper Stil ist zwar wünschenswert, er darf aber nicht zur Unverständlichkeit oder zu logischen Brüchen führen.

Was sich schon in der Einleitung andeutet, zeigt sich auch im Hauptteil: Verschiedene Untersuchungsgesichtspunkte werden ungeschickt miteinander vermischt. So steht die Deutung vor der Sprachanalyse. Die Deutung ist zwar inhaltlich ansprechend, sprachlich aber unzusammenhängend. Wichtig: Bei Zitaten dürfen die Zeilenangaben nicht fehlen.

G. Keller: Romeo und Julia auf dem Dorfe

2 **Interpretieren Sie den folgenden Text – es ist der Schluss der Novelle „Romeo und Julia auf dem Dorfe" von Gottfried Keller – nach Inhalt und Aufbau sowie erzählerischer und sprachlicher Gestaltung. Gehen Sie in Ihrer Deutung auf das Motiv des Liebestodes ein und ordnen Sie die Novelle einer Epoche zu.**

Romeo und Julia auf dem Dorfe

Sali liebte gewiss ebenso stark als Vrenchen, aber die Heiratsfrage war in ihm doch nicht so leidenschaftlich lebendig als ein bestimmtes Entweder–Oder, als ein unmittelbares Sein oder Nichtsein, wie in Vrenchen, welches nur das eine zu fühlen fähig war und mit leidenschaftlicher Entschiedenheit unmittelbar Tod oder Leben darin sah. Aber jetzt ging ihm endlich ein Licht auf und das weibliche Gefühl des jungen Mädchens ward in ihm auf der Stelle zu einem wilden und heißen Verlangen und eine glühende Klarheit erhellte ihm die Sinne. So heftig er Vrenchen schon umarmt und liebkost hatte, tat er es jetzt doch ganz anders und stürmischer und übersäte es mit Küssen. Vrenchen fühlte trotz aller eigenen Leidenschaft auf der Stelle diesen Wechsel und ein heftiges Zittern durchfuhr sein ganzes Wesen, aber ehe jener Nebelstreif am Monde vorüber war, war es auch davon ergriffen. Im heftigen Schmeicheln und Ringen begegneten sich ihre ringgeschmückten Hände und fassten sich fest, wie von selbst eine Trauung vollziehend, ohne den Befehl eines Willens. Salis Herz klopfte bald wie mit Hämmern, bald stand es still, er atmete schwer und sagte leise: „Es gibt eines für uns, Vrenchen, wir halten Hochzeit zu dieser Stunde und gehen dann aus der Welt – dort ist das tiefe Wasser – dort scheidet uns niemand mehr und wir sind zusammen gewesen – ob kurz oder lang, das kann uns dann gleich sein. –"

Vrenchen sagte sogleich: „Sali – was du da sagst, habe ich schon lang bei mir gedacht und ausgemacht, nämlich dass wir sterben könnten und dann alles vorbei wäre – so schwör mir es, dass du es mit mir tun willst!"

„Es ist schon so gut wie getan, es nimmt dich niemand mehr aus meiner Hand als der Tod!", rief Sali außer sich. Vrenchen aber atmete hoch auf, Tränen der Freude entströmten seinen Augen; es raffte sich auf und sprang leicht wie ein Vogel über das Feld gegen den Fluss hinunter. Sali eilte ihm nach; denn er glaubte, es wolle ihm entfliehen, und Vrenchen glaubte, er wolle es zurückhalten. So sprangen sie einander nach, und Vrenchen lachte wie ein Kind, welches sich nicht will fangen lassen. „Bereust du es schon?", rief ▶▶

eines zum andern, als sie am Flusse angekommen waren und sich ergriffen; „nein! es freut mich immer mehr!", erwiderte ein jedes. Aller Sorgen ledig gingen sie am Ufer hinunter und überholten die eilenden Wasser, so hastig suchten sie eine Stätte, um sich niederzulassen; denn ihre Leidenschaft sah jetzt nur den Rausch der Seligkeit, der in ihrer Vereinigung lag, und der ganze Wert und Inhalt des übrigen Lebens drängte sich in diesem zusammen; was danach kam, Tod und Untergang, war ihnen ein Hauch, ein Nichts, und sie dachten weniger daran als ein Leichtsinniger denkt, wie er den andern Tag leben will, wenn er seine letzte Habe verzehrt.

„Meine Blumen gehen mir voraus", rief Vrenchen, „sieh, sie sind ganz dahin und verwelkt!" Es nahm sie von der Brust, warf sie ins Wasser und sang laut dazu: „Doch süßer als ein Mandelkern ist meine Lieb zu dir!" „Halt!", rief Sali, „hier ist dein Brautbett!"

Sie waren an einen Fahrweg gekommen, der vom Dorfe her an den Fluss führte, und hier war eine Landungsstelle, wo ein großes Schiff, hoch mit Heu beladen, angebunden lag. In wilder Laune begann er unverweilt die starken Seile loszubinden. Vrenchen fiel ihm lachend in den Arm und rief: „Was willst du tun? Wollen wir den Bauern ihr Heuschiff stehlen zu guter Letzt?" „Das soll die Aussteuer sein, die sie uns geben, eine schwimmende Bettstelle und ein Bett, wie noch keine Braut gehabt! Sie werden überdies ihr Eigentum unten wiederfinden, wo es ja doch hin soll, und werden nicht wissen, was damit geschehen ist. Sieh, schon schwankt es und will hinaus!"

Das Schiff lag einige Schritte vom Ufer entfernt im tiefern Wasser. Sali hob Vrenchen mit seinen Armen hoch empor und schritt durch das Wasser gegen das Schiff; aber es liebkoste ihn so heftig ungebärdig und zappelte wie ein Fisch, dass er im ziehenden Wasser keinen Stand halten konnte. Es strebte Gesicht und Hände ins Wasser zu tauchen und rief: „Ich will auch das kühle Wasser versuchen! Weißt du noch, wie kalt und nass unsere Hände waren, als wir sie uns zum ersten Mal gaben? Fische fingen wir damals, jetzt werden wir selber Fische sein und zwei schöne große!" „Sei ruhig, du lieber Teufel!", sagte Sali, der Mühe hatte, zwischen dem tobenden Liebchen und den Wellen sich aufrecht zu halten, „es zieht mich sonst fort!" Er hob seine Last in das Schiff und schwang sich nach; er hob sie auf die hochgebettete weiche und duftende Ladung und schwang sich auch hinauf, und als sie oben saßen, trieb das Schiff allmählich in die Mitte des Stromes hinaus und schwamm dann, sich langsam drehend, zu Tal.

Der Fluss zog bald durch hohe dunkle Wälder, die ihn überschatteten, bald durch offenes Land; bald an stillen Dörfern vorbei, bald an einzelnen Hütten; hier geriet er in eine Stille, dass er einem ruhigen See glich und das ▶▶

Schiff beinah stillhielt, dort strömte er um Felsen und ließ die schlafenden Ufer schnell hinter sich; und als die Morgenröte aufstieg, tauchte zugleich eine Stadt mit ihren Türmen aus dem silbergrauen Strome. Der untergehende Mond, rot wie Gold, legte eine glänzende Bahn den Strom hinauf, und auf dieser kam das Schliff langsam überquer gefahren. Als es sich der Stadt näherte, glitten im Froste des Herbstmorgens zwei bleiche Gestalten, die sich fest umwanden, von der dunklen Masse herunter in die kalten Fluten.

Das Schiff legte sich eine Weile nachher unbeschädigt an eine Brücke und blieb da stehen. Als man später unterhalb der Stadt die Leichen fand und ihre Herkunft ausgemittelt hatte, war in den Zeitungen zu lesen, zwei junge Leute, die Kinder zweier blutarmen zugrunde gegangenen Familien, welche in unversöhnlicher Feindschaft lebten, hätten im Wasser den Tod gesucht, nachdem sie einen ganzen Nachmittag herzlich miteinander getanzt und sich belustigt auf einer Kirchweih. Es sei dies Ereignis vermutlich in Verbindung zu bringen mit einem Heuschiff aus jener Gegend, welches ohne Schiffleute in der Stadt gelandet sei, und man nehme an, die jungen Leute haben das Schiff entwendet, um darauf ihre verzweifelte und gottverlassene Hochzeit zu halten, abermals ein Zeichen von der um sich greifenden Entsittlichung und Verwilderung der Leidenschaften.

Beispiel 1

A „Romeo und Julia auf dem Dorfe" als Teil eines Novellenzyklus

B Untersuchung des vorliegenden Textausschnitts

- I. Inhalt und Aufbau
  1. Liebe zwischen Sali und Vrenchen
  2. Beschluss des Selbstmordes
  3. Vorfreude auf Vereinigung und Tod
  4. Fahrt auf dem Heuschiff und Selbstmord
  5. Reaktionen auf den Freitod der Jugendlichen
- II. Erzählerische Gestaltung
  1. Komposition: linear und szenisch
  2. Darstellungsart: episch und dialogisch
  3. Auktorialer Erzähler
  4. Raumbegrenzung durch Fluss
  5. Zeitraffung
  6. Darstellung der Personen

- III. Sprachliche Gestaltung
  1. Hohe Sprachebene
  2. Sprachliche Mittel: häufiger Einsatz von Bildern, Vergleichen und Metaphern
- IV. Interpretation
  1. Unmöglichkeit einer Heirat
  2. Tod als einziger Ausweg
  3. Untrennbarkeit von Liebe und Tod
- V. Epochenzuordnung zum poetischen Realismus
  1. Darstellung der gesellschaftlichen Realität
  2. Ausgearbeitete sprachliche Gestaltung

C Thematische Einordnung in den Novellenzyklus

Die Novelle „Romeo und Julia auf dem Dorfe" von Gottfried Keller ist die zweite von zehn Erzählungen aus dem Novellenzyklus „Die Leute von Seldwyla". Sie handelt von zwei Bauern, Manz und Marti, die im Streit um einen Acker sich und ihre Kinder, die sich lieben, ins Verderben ziehen. Im Folgenden soll ein Auszug der Novelle erschlossen und das Verhältnis von Liebe und Tod interpretiert werden.

Im vorliegenden Textauszug, dem Ende der Novelle, beschließen Sali und Vrenchen, ihre Liebe in einer Art Hochzeitsnacht zu besiegeln und anschließend in den Tod zu gehen. Dieser Auszug lässt sich in fünf Sinnabschnitte einteilen. Im ersten Abschnitt steigert sich das Verlangen der beiden Liebenden; sie werden von heftiger Leidenschaft ergriffen. Dies führt dazu, dass sie nur eine Möglichkeit sehen, zueinander zu kommen. Sie beschließen, miteinander zu schlafen und anschließend ins Wasser zu gehen. Voller Vorfreude auf ihre Hochzeitsnacht laufen sie dann an den Fluss. Am Ufer finden sie ein Heuschiff, das sie sich als Brautbett wählen. Das Schiff wird mit den beiden Liebenden den Fluss hinuntergetrieben; Vrenchen und Sali verlassen es, um sich zu ertränken. Im letzten Teil erfährt man die Reaktionen der Zeitungen auf die Tat der beiden jungen Leute.

Nach dem Aufbau soll nun die erzählerische Gestaltung des Textauszugs untersucht werden. Die Komposition ist vorwiegend linear, wird jedoch von einigen Dialogen unterbrochen. Die Geschehnisse werden in der Reihenfolge erzählt, in der sie sich ereignen. Deshalb kann man von einer linearen Komposition sprechen, auch wenn sie durch kurze szenische Abschnitte, die Gespräche zwischen Vrenchen und Sali, unterbrochen wird. Folglich gibt es auch zwei Arten der Darstellung: Der erzählende Teil wird episch dargestellt, der szenische dialogisch.

Wenn man den Erzähler genauer beleuchtet, so stellt man zunächst fest, dass in der Er-Form erzählt wird, da der Erzähler selbst nicht unmittelbar am Geschehen teilnimmt. Er tritt vielmehr als ein Beobachter auf, der sowohl um die Vorgänge als auch um die Gefühle und Gedanken der handelnden Personen weiß: „Sali liebte gewiss ebenso stark als Vrenchen (...)" (Z. 1). Man spricht deshalb von einem auktorialen Erzähler. In der Perspektive wechselt er von der anfänglichen Nähe in die Ferne. Zuerst beschreibt er nämlich auch Einzelheiten wie die „ringgeschmückten Hände" (Z. 13 f.) oder die „Tränen der Freude" (Z. 24 f.), entfernt sich dann aber immer weiter vom konkreten Geschehen, wobei er zum Beispiel den Weg des Heuschiffs beschreibt, als ob er es von oben beobachten würde.

Die Handlung des vorliegenden Textausschnitts spielt sich in einem begrenzten Raum, nämlich an einem Fluss und seinem Ufer, ab. Der Fluss ist zugleich ein Raumsymbol, da er von elementarer Bedeutung für die Novelle ist, denn die Liebe Vrenchens und Salis beginnt am Wasser und endet im Fluss mit dem Tod der beiden.

Da in der Novelle die erzählte Zeit nicht mit der Erzählzeit übereinstimmt, sondern einen größeren Zeitraum umfasst, kann man von einer Zeitraffung sprechen.

Im Textausschnitt gibt es zwei handelnde Figuren: Vrenchen und Sali. Sie sind „Kinder zweier blutarme(r) zugrunde gegangene(r) Familien, welche in unversöhnlicher Feindschaft lebten" (Z. 80 f.), also aus der unteren Gesellschaftsschicht. Beide sind fähig, stark und bedingungslos zu lieben, und bereit, für ihre Liebe zu sterben.

Nach Abschluss der erzählerischen Gestaltung soll nun auch auf die Sprache des Textes eingegangen werden. Dabei werden Sprachebene und sprachliche Mittel untersucht. Die Sprache, die Keller in der Novelle verwendet, bewegt sich auf einem hohen Niveau. Er schreibt auch in den Dialogen hochsprachlich. Vrenchen und Sali verwenden trotz ihrer bäuerlichen Herkunft eine sehr gewählte Sprache, sie wollen zum Beispiel „aus der Welt" (Z.17) gehen, damit sie niemand trennen kann.

Wie der Autor sprachliche Mittel zur Gestaltung verwendet, soll beispielhaft an einem Ausschnitt gezeigt werden. Als Vrenchen die Blumen von ihrer Brust nimmt und ins Wasser wirft, spielt sie auf ihren baldigen Tod im Wasser an: „Meine Blumen gehen mir voraus" (Z. 39). Als sie Sali an ihre erste Begegnung am Fluss erinnert, behält sie den Tod im Auge, als sie meint, dass sie und Sali bald „selber Fische sein" werden (Z. 60). Trotz ihres bevorstehenden Todes aber sind die beiden Liebenden wegen ihrer bevorstehenden Hochzeitsnacht beinahe übermütig. Mit dem Vergleich, dass Vrenchen „wie ein Fisch" zappelt, zeigt der Autor die Ungeduld des „tobenden Liebchen(s)" (Z. 61). Das Oxymoron „lieber Teufel" ▶▶

(Z. 60) , mit dem Sali Vrenchen bezeichnet, gibt die Gemütsverfassung der beiden wieder. Als sie schließlich auf dem Schiff sind und dieses den Fluss hinuntergetragen wird, herrscht friedliche Stille. Dieses Wort taucht auffällig oft auf, sie passieren „stille Dörfer" (Z. 68), geraten „in eine Stille" (Z. 69) und das Schiff hielt „beinah still" (Z. 70). Die vorherrschende Ruhe und Idylle wird durch zwei Vergleiche beschrieben. Die Strömung des Flusses wird so langsam, „dass er einem ruhigen See" gleicht (Z. 69), und als der Mond untergeht, ist er „rot wie Gold" (Z. 73). Auch die Personifikation der „schlafenden Ufer" (Z. 70 f.) verstärkt den Eindruck der Idylle. Diese positive Stimmung, die herrscht, als die Liebenden ihre Hochzeitsnacht vollziehen, schlägt jedoch um, als „zwei bleiche Gestalten", also Sali und Vrenchen, „in die kalten Fluten" gleiten (Z. 76).

Es ist bereits angedeutet worden, dass für Vrenchen und Sali der Tod der einzige Ausweg ist. Daher soll im Folgenden das Verhältnis von Liebe und Tod, wie es sich in der Novelle darstellt, interpretiert werden.

Für das Liebespaar gibt es rechtlich gesehen keine Zukunft. Die Ehebeschränkung, die in der Schweiz für arme Leute galt, macht eine legale Heirat unmöglich. Dazu kommen noch die Feindschaft ihrer Väter und die Tatsache, dass Sali Vrenchens Vater Marti durch einen Schlag auf den Kopf schwer verletzt hat. Während Vrenchen in der Heiratsfrage schon immer nur zwei Möglichkeiten, nämlich „Tod oder Leben" (Z. 5), gesehen hat, fängt Sali erst an, über seine Liebe hinaus an dieses „Entweder–Oder" (Z. 2) zu denken und zu realisieren, dass es nur zwei Möglichkeiten gibt. Denn die dritte Möglichkeit, die sich ihnen geboten hat, lehnen beide ab. Der schwarze Geiger hatte ihnen vorgeschlagen, sich dem fahrenden Volk anzuschließen und in wilder Ehe zu leben. Dies kommt jedoch für beide aus moralischen Gründen nicht in Betracht. So entschließen sie sich, ihre Leidenschaft in ihrer Vereinigung zu stillen: „der ganze Wert und Inhalt des übrigen Lebens drängte sich in diese(r) zusammen; was danach kam, Tod und Untergang, war ihnen ein Hauch, ein Nichts (…)" (Z. 36).

Der einzige Ausweg, der ihnen ihrer Meinung nach bleibt, um ihre Liebe vor der Welt zu retten, ist der Tod. Sali schwört, dass ihm niemand Vrenchen aus der Hand nimmt „als der Tod" (Z. 24), worin sich die ganze Entschlossenheit der beiden, sich nie mehr trennen zu lassen, zum Ausdruck kommt. Die Untrennbarkeit von Liebe und Tod, die für die Liebenden hier gilt, findet ihre Vollendung, als sie fest umschlungen „in die kalten Fluten" (Z. 76) gleiten.

Im letzten Abschnitt dieser Arbeit soll die Novelle in die entsprechende Epoche eingeordnet werden. Sie gehört in die Zeit des poetischen Realismus. Die Gesellschaft, die dargestellt wird, entspricht der damaligen Realität; ein ähnlicher Vorfall ereignete sich damals in Leipzig. Da die sinnliche Welt ▶▶

aber in poetisch durchformter Sprache erfasst und dadurch verklärt wird, kann eine Epochenzuordnung zum poetischen Realismus gerechtfertigt werden.

Ebenso wie die anderen Erzählungen der Sammlung „Die Leute von Seldwyla" steht auch „Romeo und Julia auf dem Dorfe" unter einem Motto: Es wird thematisiert, welche Folgen Streit und Unversöhnlichkeit haben können. Außerdem soll der Leser darauf aufmerksam gemacht werden, dass die Konsequenzen von Egoismus und Habgier auch Unschuldige treffen.

Diese Arbeit ist sehr ausführlich und hält sich genau an die Vorgaben der Themenstellung. Kommentierende Bemerkungen zu den eigenen Ausführungen bzw. strukturierende Überleitungen, exakte und sinnvolle Zitierweise, gewandte und flüssige sprachliche Gestaltung beeindrucken an diesem Aufsatz. Die Verfasserin zeigt viele Kenntnisse, vor allem auch zu Erzähltheorie und Epocheneinordnung.

Beispiel 2

1 Gottfried Keller, Romeo und Julia auf dem Dorfe
2 Analyse und Interpretation eines Ausschnitts
2.1 Aufbau
2.1.1 Bewusstwerdung der Liebe
2.1.2 Entschluss zu „Hochzeit" und Selbstmord
2.1.3 Suche nach geeignetem Ort
2.1.4 Durchführung des Plans
2.1.5 Zeitungsbericht
2.2 Erzählerische Gestaltung
2.2.1 Komposition linear
2.2.2 Darstellungsart episch, zum Teil dialogisch
2.2.3 Erzähler auktorial
2.2.4 Zeit und Raum
2.2.5 Charakteristik
2.3 Sprachanalyse
2.3.1 Stilmittel
2.3.2 Sprachebene
2.4 Interpretation: Verhältnis Tod und Liebe
2.5 Einordnung poetischer Realismus
3 Kritik an Habgier

Gottfried Kellers Novelle „Romeo und Julia auf dem Dorfe“ aus seinem Zyklus „Die Leute von Seldwyla“ orientiert sich am Vorbild Shakespeares und handelt von zwei sich liebenden Kindern, die durch den Streit ihrer Väter schließlich in den Tod getrieben werden. Ein Ausschnitt dieses Werks soll nun analysiert und interpretiert werden.

Der Aufbau des vorliegenden Textes lässt fünf Sinnabschnitte erkennen. Im ersten Abschnitt erkennen Vrenchen und Sali ihre Liebe füreinander und halten eine symbolische Trauung ab. Danach beschließen die beiden, ihre Hochzeitsnacht zu feiern und anschließend im Fluss Selbstmord zu begehen. Im dritten Abschnitt suchen sie am Fluss nach einer geeigneten Stelle und finden ein Heuschiff, das sie losbinden. Danach führen sie ihren Plan auf dem Heuschiff aus und begehen schließlich Selbstmord. Der Ausschnitt endet mit den Reaktionen der Zeitungen auf den Vorfall.

Der Text soll nun auf seine erzählerische Gestaltung hin untersucht werden. Die Komposition des Ausschnitts ist weitgehend linear. Vorausdeutungen und Rückblenden kommen nur kurz in einer wörtlichen Rede Vrenchens vor. Die Darstellungsart ist weitgehend episch, wirkt aber bei den wörtlichen Reden Salis und Vrenchens dialogisch.

Der Erzähler ist ein in der Er-Form sprechender auktorialer Erzähler, da er das Geschehen kommentiert und sogar nach dem Tod der Hauptpersonen weitererzählen kann. Er verhält sich bei seiner Erzählung neutral.

Bei der Erzählzeit wechseln sich Zeitraffung und Zeitdeckung ab. Dabei sind die dialogischen Teile zeitdeckend, das Übrige zeitraffend.

Der Raum ist zum größten Teil Handlungsraum und wird nicht näher beschrieben, nur der Fluss dient als Raumsymbol für Beginn und Ende der Liebe. Im zweiten Teil des vierten Abschnitts wird die Beschreibung des Raums verwendet, um eine Stimmung aufzubauen.

Die Figuren werden am Ende der Novelle kaum charakterisiert, nur insofern indirekt, als ihnen ein gemeinsamer Tod lieber ist als eine Trennung. Außerdem weist der Erzähler in seinem Kommentar am Schluss auf ihre Herkunft aus „blutarmen zugrunde gegangenen Familien“, die verfeindet gewesen seien, hin.

Anschließend soll der Ausschnitt auf seine sprachliche Gestaltung hin untersucht werden. Auffallend sind die vielen Adjektive, die sich in drei Gruppen aufteilen lassen: mit Worten wie „lachend“, „weich und duftend“ oder dem Vergleich „süßer als ein Mandelkern“ wird die Liebe der beiden charakterisiert. Die Heftigkeit und Stärke ihrer Liebe spiegelt sich in

Adjektiven wie „groß, hoch", „heftig, ungebärdig" und „tobend" wider. Das Glück der beiden am nächsten Morgen wird durch Adjektive wie „silbergrau", „glänzend", „rot wie Gold" – gleichzeitig Vergleich und Oxymoron – dargestellt. Dem gegenüber stehen Worte wie „kühl", „kalt und nass" sowie „bleich" und die Ausdrücke „Frost (…) des Herbstmorgens", „dunkle (…) Masse" und „kalte (…) Fluten", die den Tod der beiden darstellen. Dazu zählt auch die Wiederholung des Wortes „Fisch", das gleichzeitig das Ende der Novelle mit ihrem Wendepunkt, der Angelszene, verbindet. Die Verbindung zwischen Liebe und Tod kommt schließlich im Oxymoron „lieber Teufel" zum Ausdruck. Die Parallelismen in Z. 68 sollen das Treiben auf dem Fluss darstellen, die Wiederholung der Wörter „still" und „ruhig" spielt zusammen mit dem Kontrast „strömend" und „schnell" auf die Liebesszene der beiden an.

Insgesamt handelt es sich somit um eine mittlere bis gehobene Sprachebene.

Das Verhältnis von Liebe und Tod soll nun ausgehend von diesem Textausschnitt interpretiert werden. Die Ausweglosigkeit der Liebenden treibt Vrenchen und Sali in den Tod. So handelt es sich bei der „Heiratsfrage" (Z. 1) um eine Frage, die das unmittelbare „Sein oder Nichtsein" (Z. 3) betrifft. Der Grund hierfür ist die Schuld der beiden Väter, an der auch die Kinder, dadurch, dass Sali Vrenchens Vater niederschlägt, Anteil haben. Durch den Zwist der Väter verarmt, können sie nach schweizerischem Recht nicht heiraten. Um zusammenzubleiben, müssen sie daher Selbstmord begehen: „Es gibt eines für uns (…), wir halten Hochzeit (…) und gehen (…) aus der Welt (…) dort scheidet uns niemand mehr (…)" (Z. 18), was auch eintrifft. Dadurch hängen Tod und Liebe unmittelbar zusammen, denn der Tod ist für die beiden der einzige Weg zur Bewahrung ihrer Liebe und folgt direkt aus ihr.

Das Werk soll nun in eine literarische Epoche eingeordnet werden. Die Erzählung stellt die Realität dar; nichts davon ist übernatürlich oder unlogisch, sondern alles könnte so stattgefunden haben. Dies wird durch den Erzählerkommentar am Ende besonders deutlich. Der Autor beschreibt dennoch nicht nur die Realität, sondern eine verklärte Wirklichkeit, das heißt, er hat mit Seldwyla eine eigene Welt geschaffen und beschreibt nicht etwa den konkreten Vorfall in Leipzig. Daneben ist das Geschehen poetisch ausgestaltet. Im Vergleich zu einem Bericht verwendet der Autor eine gehobene Sprachebene. Er berücksichtigt außerdem die gesamte sinnlich erfassbare Realität, d. h. sowohl eine Beschreibung des Geschehens und der Umwelt als auch die Gefühle der Hauptpersonen, aber nichts, was darüber hinausgeht. Somit gehört das Werk zur Epoche des poetischen Realismus.

Insgesamt kann man die Novelle als Kritik Kellers an einem Streit aus Habgier, der Unschuldige ins Verderben reißt, verstehen.

Die Gliederung verspricht mehr, als sie halten kann. Man beachte besonders das numerische Ordnungsschema. Allerdings sind nur die ersten beiden Punkte des Hauptteils inhaltlich gefüllt, ab der Mitte wird die Gliederung oberflächlicher; so entsteht ein Ungleichgewicht.

Belege und Erläuterungen fehlen, speziell in der Epochenzuordnung. Dadurch werden Aussagen auch banal und wirken wie aus einer Literaturgeschichte abgeschrieben. Belegstellen müssen angegeben werden, auch wenn es nur Einzelwörter sind. Die Verfasserin des Aufsatzes geht mit den Zitaten sehr lässig um.

M. Walser: Ein fliehendes Pferd

3 **Analysieren Sie den folgenden Textausschnitt aus Martin Walsers Novelle „Ein fliehendes Pferd", indem Sie folgende Aufgaben bearbeiten:**

1. **Ordnen Sie das Geschehen in den Handlungszusammenhang ein.**
2. **Beschreiben und deuten Sie Klaus Buchs Einstellung zum Leben unter Einbeziehung der sprachlichen Mittel.**
3. **Wie stellt Klaus Buch sein Verhältnis zu Helmut dar? Bewerten Sie seine Pläne.**

Ein fliehendes Pferd

Er sagte das märchenhaft wild und machte dabei mit seinen unbefestigten Lippen und der ungebärdigen Zunge unflätige, das Sprechen parodierende Bewegungen. Helmut mußte lachen. Das brachte Klaus Buch in Stimmung.

Mein Gott, wie sind sie in der Ägäis gesegelt. Anbinden mußten sie einander, sonst wären sie über Bord gespült worden. Zwölf Stunden lang keine Sekunde von der Pinne gewichen. Einmal blies der Boreas so, daß sie drei Tage lang nicht aus dem Hafen konnten. Einmal sind sie von Thassos nach Rhodos mehr unter den Wellen durch als über sie hin. Er freut sich nur noch auf die Bahamas mit ihrem beständigen Passat. Ob Helmut sich nicht vorstellen könne, mitzukommen. Er, Klaus Buch, habe, ohne sich im geringsten in Helmuts Angelegenheiten einmischen zu wollen, das Gefühl, als könne es Helmut gut tun, wenn er hier einfach mal klar Schiff machen, die Brücken abbrechen und in eine neue Welt aufbrechen würde. Das Leben bedarf des Reizes, sagte Klaus Buch, sonst erlischt es. Bei Lebzeiten. Verstehst du, das ist anders als beim Ethischen oder Moralischen, das existiert einfach so, das Geistige, das kann vielleicht seine Spannung aus sich selbst erzeugen, ich weiß das nicht so genau, da bist du der Experte. Ich dagegen weiß, daß das Lebendige den Stoß braucht. Das Lebendige braucht überhaupt das ganz Neue. Dem Lebendigen kann nichts neu genug sein. Je neuer, desto lebendiger. Die total unvorhersehbare Reaktion, verstehst du, das ist das Leben. Also, paß einmal auf, Helmut, wie oft bumst du deine Frau? Helmut schaute offenbar so, daß Klaus Buch nicht auf der Antwort bestand.

Oder anders gefragt, sagte er, bist du ganz sicher, daß du deine Frau noch liebst? Bitte, versteh mich richtig, Sabine ist eine echt brutale Frau, ich beneide dich um Sabine, aber auch die brutalste Frau kann in unserem Alter eine Gefahr werden für einen Mann. Wenn sie es nicht mehr bringt. Auch ▶▶

Hel könnte eine Gefahr werden für mich. Wenn sie es nicht mehr bringt. Aber sie bringt es noch. Und wie. Hel ist für mich ein challenge. Sie ist zuviel für mich. Ich schaffe sie nicht. Ich kämpfe um sie. Tag und Nacht. Das hält fit, klar.

Wenn du vier Wochen im Bett liegst, kannst du keinen Kilometer mehr gehen, so völlig verschwunden sind deine Muskeln. So ist es mit ALLEM, Helmut. Ich bin wirklich fasziniert vom Leben, Helmut, das kannst du mir glauben. Wenn mir ein Regentropfen auf der Haut zerplatzt, könnte ich schreien vor Begeisterung. Wenn ich in einen Baum schaue, könnte ich aufschreien vor Liebe zum Chlorophyll. Aber ich habe Angst, dumm zu werden, Helmut. Ich bin in Gefahr, ich weiß das. Ich möchte brillant bleiben, verstehst du. Glänzend. Großartig. Und fein. Durchdringend fein. Unzerreißbare Seide möchte ich sein. Wildseide, versteht sich. Ich bin ein Anbeter meiner selbst. Hel betet mich in gewisser Weise auch an. Weil sie mich für intelligenter hält als ich bin, verstehst du. Ich mache ihr was vor. Ich halte sie kleiner als sie ist. Ich verführe sie zu Tätigkeiten, denen sie nicht gewachsen ist. Für den Fall, daß ich sie nicht mehr schaffe, verstehst du. Was ich bräuchte, ist ein Mensch wie du, Helmut. Ehrlich. Als ich dich da sitzen sah an der Promenade, ecco, das war Erscheinung. Mein alter Ha-Ha, die große Problemschraube, Zarathustra in der Badehose gelesen, Helmut, wenn du mitkommst auf die Bahamas, sind wir beide gerettet. Da kannst du alles in der Badehose erledigen. Was gibst du auf hier? An welcher Schule bist du eigentlich? Am Ebe-Lu, sagte Helmut so unstolz als möglich. Oh, sagte Klaus Buch, gratuliere, naja, du warst eben immer Spitze, klar. Trotzdem wage ich es, stell dir vor, ich, die alte Küchenschabe, nichts gewesen, nichts geworden, ich wage es, dir, dem Doktor Oberstudienrat am hochehrwürdigen Ebe-Lu, weitgehende Vorschläge zu machen. Ich behaupte, es sei nötig. Du mußt gerettet werden. Du brauchst mich, Helmut, das spür' ich. Deshalb meine Frage, wie oft bumst du Sabine. Ich will dich doch nicht beschämen, Mensch. Ich will nicht den tollen body spielen. Mensch, Helmut, meine erste Frau habe ich am Schluß noch einmal pro Woche gebumst. Sowas von herunter war ich. Waren wir. Also bitte. Mit mir kannst du reden. Wenn du willst. Ich finde einfach, wir sollten, bevor wir fünfzig sind, noch einmal vom Stapel laufen. Und ohne dich bin ich in Gefahr zu verblöden. Das ist mir klar. Du bist echt ein challenge für mich. Du und Hel, dann flutscht's. Alles klar.

Helmut nickte, so oft er konnte. Klaus Buch mußte den Eindruck haben, Helmut überlege sich diese Vorschläge ernsthaft. Das spornte ihn zu immer neuen Angeboten an. Er könne, da Helmut sich bis jetzt noch nicht gesprächsbereit gezeigt habe, nur immer weiter versuchen, durch Selbstentblößung Helmut so zu provozieren, daß er seine ihn selbst bedrohende Zurückhaltung aufgebe, damit sie endlich ihre gemeinsame Rettung gemeinsam betreiben könnten. Helmut sei sich, das fühle er, ▶▶

Klaus Buch, deutlich, der Gefahr der Stagnation schärfstens bewußt. Vielleicht habe Helmut sogar schon resigniert. Er, Klaus Buch, glaube das nicht. Er glaube eher, Helmut spiele sich Resignation zur Zeit vor, werde aber, sobald er sehe, daß es ernst werde, schreiend vor der Resignation zu fliehen versuchen. Dann sei es wirklich zu spät. Oder es gelinge nur noch eine Kurzschlußhandlung. Jetzt aber könne man den zweiten Stapellauf noch gemeinsam planen. Und zwar so, daß er gelinge. Ohne Wunden. Das sei das Entscheidende. Er könne sagen, daß die Trennung von seiner ersten Frau für beide ohne ernsthafte Wunde über die Bühne gegangen sei. Weil er eben nicht gewartet habe, bis er erschrocken sei. Also von ihm aus bestehe ein totales Angebot. Er ahne, daß Helmut schon mit ersten Schäden der reizlosen Routine der Endgültigkeit zu tun haben könnte. Könnte! sage er. Und sein Angebot sei gar nicht barmherziger Art, der pure Egoismus sei es. Je mehr Helmut von ihm Gebrauch mache, desto mehr traue er sich, von Helmut Gebrauch zu machen. Und sie seien nun einmal so alte Freunde, daß sie einander rücksichtslos hilfreich sein dürften. Es dürfe zwischen ihnen keine Scham geben, die irgend etwas verhindere. Helmut könne zu Klaus Buch kommen, wenn er wissen wolle, wie er sich am glimpflichsten von Sabine trennen könne – wenn Helmut das überhaupt wolle, bitte, er nenne das nur als Beispiel, weil jeder noch lebendige Mann sich von seiner Frau trennen will, nur Tote sind treu –; Helmut könne aber genau so gut zu ihm kommen, wenn er sich lediglich hinsichtlich der Länge seines Glieds beruhigen wolle; auch das sage er nur, weil jeder noch lebendige Mann an Möglichkeiten zur Überprüfung seiner eigenen Zurechnungsfähigkeit interessiert sei. Wenn ein einziges Mal zwei Männer zusammenhülfen, würden sie einen ungeheuren Sieg erringen. Wenn jeder allein bleibe, müsse sich eben jeder auf seine eigene miese Art durchschwindeln, Beute machen, Beute in Sicherheit bringen, Beute verzehren, wieder Beute machen und so fort. Mensch, Helmut, laß es uns groß spielen. Nicht klein beigeben. Groß bleiben. Größer werden. Der Größte. Wir zwei sind die Größten, ich schwör's dir. Uns will das Leben. Ich hol dich heraus aus deiner Flaute, Junge. Dich richte ich wieder her. Du wirst sehen, in einem Jahr kennst du dich nicht wieder. Du bist kurz vorm Versacken. Ich schau da nicht zu. Dich turn ich an, Mensch. Dir mach ich einen Appetit in den Leib, daß du senkrecht in die Luft gehst, wetten? Du kommst zuerst einmal zu uns nach Starnberg. Nur ein paar Tage. Dann läuft das ganz von selber. Das läuft einfach, da bin ich ganz sicher.

Beispiel 1

A Kritikerstimmen und Thematik der Novelle
B Analyse des Textausschnitts
  I. Inhaltszusammenfassung
    1. Treffen zweier Schulfreunde
    2. Polarisierung der Charaktere
    3. Segelausflug und Selbstentblößung Buchs
    4. Kurzschlussreaktion Halms
  II. Lebenseinstellung Klaus Buchs
    1. Leben als Herausforderung
    2. Sexualität als Leistungssport
    3. Profilierungssucht und Machtstreben
    4. Extrovertiertheit
  III. Klaus Buchs Verhältnis zu Helmut und Bewertung seiner Pläne
    1. Helmut als geistig Überlegener
    2. Bitte um Unterstützung und Angebot der Hilfe für Helmut
    3. Scheitern der Pläne durch Helmuts Kurzschlussreaktion
C Niederlage und Flucht beider Kontrahenten

„Diese Geschichte könnte zu dem gehören, das einmal übrig bleibt von einem Jahrhundert" schreibt die Stuttgarter Zeitung über die Novelle „Ein fliehendes Pferd" von Martin Walser. Ähnlich positiv äußert sich der „Literaturpapst" Marcel Reich-Ranicki in der FAZ zu der Geschichte, die das Aufeinandertreffen zweier gegensätzlicher, miteinander konkurrierender Lebensstile thematisiert, ohne jedoch den einen über den anderen siegen zu lassen.

Am deutlichsten tritt dieser Konkurrenzkampf im achten Kapitel hervor, in dem die beiden Kontrahenten Helmut Halm und Klaus Buch einen gemeinsamen Segelausflug unternehmen. Ein Ausschnitt aus diesem Kapitel soll im Folgenden analysiert werden.

Zunächst soll der Zusammenhang zwischen dem Ausschnitt und dem restlichen Geschehen hergestellt werden: Am Bodensee treffen sich die zwei alten Schulfreunde Halm und Buch – beide Endvierziger – zusammen mit ihren Frauen zufällig während ihres Urlaubs. Erinnerungen werden ausgetauscht, man verbringt die Tage gemeinsam. Schon bald erfolgt in dieser Viererkonstellation eine Polarisierung von Helmut Halm und Klaus Buch, der eine introvertiert, lethargisch und behäbig, der andere extrovertiert, dynamisch und sportlich. Beide tragen einen unterschwelligen Konkurrenzkampf aus, der seinen Höhepunkt während des gemeinsamen Segelausflugs findet. Klaus hätte Helmut gern seine Sportlichkeit bewiesen, aber es herrscht Flaute.

Klaus bietet als Übergangslösung ein Gespräch an, in dessen Verlauf es zu seiner Selbstentblößung kommt. Er will Helmut dadurch aus der Reserve locken. Ein jäh aufkommender Sturm bietet Klaus doch noch die Gelegenheit, sich auf dem Feld der Sportlichkeit und Naturbeherrschung zu profilieren. Dabei wird er leichtsinnig und bringt sie beide in ernsthafte Gefahr. Helmut reagiert zum ersten Mal wirklich emotional; von Angst, Wut und Hass überwältigt stößt er Klaus in einer Kurzschlusshandlung die Pinne aus der Hand, sodass Klaus ins Wasser fällt und vermeintlich ertrinkt. Helmut lässt Klaus im Stich und rettet sich, von Selbstvorwürfen und schlechtem Gewissen geplagt, ans Ufer.
Im Folgenden taucht Klaus, der doch überlebt hat, genau in dem Moment auf, in dem Helene, Klaus' Frau, dem Ehepaar Halm reinen Wein einschenkt über den wahren Zustand ihrer Ehe und Klaus' Probleme mit dem Leben.

Nun soll genauer herausgearbeitet werden, welche Lebenseinstellung Klaus Buch hat. Im Kontrast zu Helmuts Leben wird deutlich, wie sehr die beiden Männer sich unterscheiden. Für Klaus muss das Leben ständig neue Reize bieten, um interessant und lebenswert zu sein. Er sucht in allem eine Herausforderung seiner körperlichen und geistigen Kräfte. Verdeutlicht wird dieser Wunsch nach Herausforderung durch das englische Wort „challenge", das zweimal im Text auftaucht (Z. 59 und Z. 28), einmal im Zusammenhang mit Helmut und einmal im Bezug auf Hel, Klaus' Frau.

In der Beziehung zu seiner Frau kann man zwei weitere Aspekte der Lebenseinstellung von Klaus erkennen: Hel stellt eine körperliche Herausforderung für Klaus dar. Sie ist der Gradmesser seiner sexuellen Leistungsfähigkeit, um die man „Tag und Nacht" (Z. 29) zu kämpfen hat und durch die man „fit" (Z. 29) gehalten wird. Andererseits ist Hel auch ein Objekt der Unterdrückung, welches Klaus absichtlich klein hält, um selbst größer zu erscheinen: „Ich mache ihr was vor. Ich halte sie kleiner als sie ist. (…) Für den Fall, daß ich sie nicht mehr schaffe, verstehst du" (Z. 40 ff.). Die Reduzierung und Banalisierung der Sexualität auf das Niveau von Leistungssport verdeutlicht auch die Umgangssprache, die Klaus in diesem Zusammenhang benutzt. „Also, (…) Helmut, wie oft bumst du deine Frau?" (Z. 20 f.). Klaus Buch bezeichnet sich als „Anbeter (s)einer selbst" (Z. 38), er will „brillant bleiben (…) Glänzend. Großartig. Und fein" (Z. 36 f.). Er wählt den Vergleich mit Wildseide, um seinen Wunsch nach Stärke und den Drang, immer der Beste sein zu müssen, herauszustellen (vgl. Z. 38).

Darüber hinaus stellt Klaus gern seine Talente, nämlich seine Sportlichkeit und seine Naturkenntnis, zu Zwecken der Selbstdarstellung heraus. Deutlich wird dies bei den waghalsigen Segelmanövern, die Klaus während des Sturms ausführt, und bei einer vorher stattfindenden Wanderung. In diesem Zusammenhang tritt das für die Novelle typische Dingsymbol des Pferdes auf. Klaus stellt sich einem fliehenden Pferd entgegen und fängt es ein. Es gelingt ihm einmal mehr, sich mit seiner körperlichen Überlegenheit in Szene zu setzen.

Ein weiterer Faktor in Buchs Lebenseinstellung ist die Flucht nach vorn, sobald man „mit ersten Schäden der reizlosen Routine der Endgültigkeit zu tun haben könnte" (Z. 78 f.). Sobald der ständig neue „Reiz" (Z. 13) nicht mehr gewährleistet ist, muss er vor dem Trott fliehen, daher auch seine Pläne, auf die Bahamas zu ziehen.

Insgesamt betrachtet baut Buch sich eine Scheinwelt auf, die er durch seine offensive, extrovertierte Art aufrechterhält. Sieht er sie wie jetzt, im Stadium der Midlifecrisis, bedroht, wählt er die Flucht nach vorn.

Welchen Stellenwert Helmut hat, soll abschließend herausgearbeitet werden. In Klaus Buchs zukünftiger Lebensplanung spielt Helmut Halm eine wichtige Rolle: So wie Hel eine körperliche Herausforderung darstellt, ist Helmut das geistige Pendant dazu. Buch erkennt ihre konkurrierenden Lebensweisen und er weiß auch, dass Helmut ihm körperlich nicht gleichkommt. Aber er erkennt dessen geistige Überlegenheit an, er beneidet ihn sogar darum, da seiner Ansicht nach „das Geistige vielleicht seine Spannung aus sich selbst erzeugen kann" (Z. 15 f.). Aus Angst zu verdummen bittet er Helmut um Hilfe und bietet ihm als Ausgleich die „Rettung" aus seiner „ihn selbst bedrohende(n) Zurückhaltung" (Z. 65 f.) an. Er will Helmut auf die Bahamas mitnehmen, von dessen geistigen Kräften profitieren und zum Ausgleich einen neuen Menschen aus Helmut machen, ihn „anturnen" und „wieder herrichten" (Z. 98 ff.).

Würde Klaus Helmut wirklich kennen, so hätte er nichts von „umkrempeln" oder „anturnen" gesagt, denn für Helmut ist dies gleichbedeutend mit einem Akt der Dressur, vor der er Angst hat. Darüber hinaus fühlt Helmut sich in seiner Lebensphilosophie von Klaus angegriffen, weshalb ihm nur die Flucht vor Klaus bleibt, was auf dem engen Raum des Bootes unmöglich ist. Klaus selbst hat die Reaktion Helmuts bereits unbewusst vorhergesehen, indem er ihm eine kommende Kurzschlusshandlung voraussagt. So entledigt sich Helmut seines Kontrahenten und Angreifers, indem er ihn aus dem Boot stößt.

Klaus' Pläne sind von Anfang an zum Scheitern verurteilt. Sein Vorhaben, mit Helmut auf die Bahamas zu segeln, kann als Fluchtversuch aus der Realität verstanden werden. Er will mit ihm in einer Scheinwelt weiterleben. Mit dem Dingsymbol der Novelle, dem schon erwähnten fliehenden Pferd, werden diese Fluchtversuche der beiden Männer symbolisiert.

Der Autor lässt in seiner Novelle keine Lebensstrategie über die andere siegen. Klaus Buchs Scheinwelt wird von ihm selbst im achten Kapitel und vor allem durch seine Frau Helene im neunten entlarvt. Helmut hat seiner Schein- und Schutzwelt einen Riss versetzt, indem er seine Wut und Angst uneingeschränkt herausgelassen hat und Klaus in diesem Moment den wahren Helmut Halm erkennen konnte. Beide haben in ihrem antagonistischen Kampf eine Niederlage erlitten, beiden bleibt am Ende nur noch die Flucht. Die Halms reisen nach Montpellier ab, auch Buchs verlassen die Ferienwohnung in der Hoffnung, die Scheinwelt anderswo wieder aufbauen zu können.

Die Sprachanalyse erscheint hier relativ kurz, was auch daran liegt, dass der literarische Text in einer modernen Alltagssprache verfasst ist, die für den Leser keine Besonderheit darstellt, die aber als charakterisierend für die sprechenden Personen erwähnt werden muss. Bei Erzähltexten ist es oft der Fall, dass zur Sprache weniger zu sagen ist als zu anderen Gesichtspunkten.

Die übrigen Punkte sind hier erschöpfend behandelt. Die Arbeit ist sehr gut, unter anderem wegen der gewandten sprachlichen Darstellung.

Beispiel 2

A Der Autor und die Thematik der Novelle
B Analyse des Textabschnitts
  I. Einordnung des Geschehens in den Handlungszusammenhang
  II. Buchs Einstellung zum Leben
    1. Metapher Leben
    2. Personifikation
    3. Übertreibungen
  III. Darstellung von Klaus' Verhältnis zu Helmut und Bewertung seiner Pläne
C Werte und Normen der 70er- und 80er-Jahre

Der Autor Martin Walser wurde 1927 in Wasserburg am Bodensee geboren. Er bekam bereits zahlreiche Literaturpreise, unter anderem den Georg-Büchner-Preis. Neben Reden und Essays schrieb er zahlreiche Novellen, darunter auch „Ein fliehendes Pferd", worin die Konkurrenz zwischen zwei Männern in ihrer Lebensmitte und deren unterschiedliche Lebensweisen thematisiert wird.

Zwei Ehepaare, Helmut und Sabine Halm sowie Klaus und Helene Buch, die sich beide im Urlaub am Bodensee befinden, treffen zufällig auf der Promenade aufeinander. Auch als sich herausstellt, dass Klaus und Helmut alte Schulfreunde sind, reagiert Helmut zurückhaltend auf die Annäherung des Ehepaars Buch. Bei mehreren gemeinsamen Unternehmungen greift Klaus oft die gemeinsame, von Helmut verdrängte Vergangenheit auf und gewinnt schnell Sabines Sympathie für sich, da Klaus im Gegensatz zu ihrem lethargischen, unsportlichen Mann jung und attraktiv wirkt. Unmittelbar vor dem zu analysierenden Textabschnitt finden sich die zwei Männer auf Anregung von Klaus ohne die Frauen zum Segeln ein. Da der nur schwache Wind das Segeln kaum zulässt, beginnt Klaus ein Gespräch mit Helmut. Der von Klaus dominierte Dialog, der von Helmut durch bloßes Nicken begleitet wird, führt zu Klaus' Sichtweise über das Leben. Für ihn muss es Reize bieten, „sonst erlischt es". Er benutzt das Wort „Leben" als Metapher für eine Kerze, die, wenn sie nicht mehr brennt, erlischt und so keine Wärme oder Licht mehr spendet.

Klaus hat Angst davor, schon zu Lebzeiten tot zu sein. Seiner Meinung nach braucht das Leben „den Stoß", immer wieder neue Impulse. Dies wird durch die Personifikation „Das Lebendige braucht überhaupt das ganz Neue" besonders deutlich. Nichts in Klaus' Leben darf geplant oder festgelegt sein. Alles muss neu und unvorhersehbar bleiben. Er braucht den „challenge", die Herausforderung, die er auch in seiner jungen Frau Helene sieht, um sich „fit" zu halten. Dazu gehört für ihn der ständige Kampf, dieses Sich-Fit-Halten, auch mit sportlicher Aktivität. So wie man ohne Bewegung an Muskelkraft verliert, so verliert man ohne Herausforderung und Aktivität die Lebenskraft. Um seine Faszination und Begeisterung für das Leben auszudrücken, benutzt Klaus Übertreibungen wie „schreien vor Begeisterung" oder „aufschreien vor Liebe". Um seine Ziele auszudrücken, nutzt er Hyperbeln wie „brillant, glänzend, großartig".

Klaus führt das Gespräch weiter, indem er auf die Beziehung zwischen sich und Helmut kommt. Schon bald gibt er zu, dass er Helmut braucht. Klaus' Bewunderung für Helmuts geistige Überlegenheit wird deutlich: „die große Problemschraube Zarathustra in der Badehose gelesen" sowie seine eigene Abwertung: „Ich, die alte Küchenschabe (…)".

Gleichzeitig sieht Klaus sich jedoch in der Rolle, dass er Helmut retten muss – und nicht umgekehrt. Diese Aufgabe erscheint Klaus als eine weitere Herausforderung. Später redet er jedoch von der gemeinsamen Rettung. Dabei bedeutet Rettung für ihn der Ausstieg aus dem alten, spießigen Leben in ein neues Leben, das für Klaus auf den Bahamas liegt. Er ist überzeugt, dass dieses Ziel, wenn beide sich gegenseitig helfen würden, erreichbar wäre. Doch Klaus wird sich bewusst, dass dieses neue Leben ein großes Risiko ist: „(…) laß es uns groß spielen." Trotzdem sieht Klaus seine Aufgabe darin, Helmut „vorm

Versacken" zu bewahren. Die „Gefahr der Stagnation", die für Klaus gleichbedeutend mit dem Tod ist, sieht er als Herausforderung an, die er sich zutraut, zu bewältigen. Klaus fordert von Helmut größte Offenheit, um ihr gemeinsames Ziel erreichen zu können. Er stehe Helmut immer zur Seite, auch wenn es um die Trennung von Helmuts Frau Sabine gehe. Klaus hält eine Trennung für ratsam, da Sabine nach seiner Ansicht keine Herausforderung für Helmut mehr sei und ihn deshalb in seinem neuen Leben nur behindern würde.

Am Ende der Novelle zeigt sich die Undurchführbarkeit von Klaus Buchs Zukunftsplänen, da dieser persönlich und finanziell nicht in der Lage wäre, diese zu verwirklichen. Vielmehr verkörpern sie Klaus' Suche nach dem Abenteuer, die Flucht vor der Wirklichkeit in eine Scheinwelt, um seinen Ängsten zu entkommen.

Die Novelle „Ein fliehendes Pferd" spiegelt die Problematik der Midlifecrisis wider, zeigt aber auch die Erwartungen der Gesellschaft in den 70er- und 80er-Jahren bezüglich der Normen und Wertvorstellung, die die einen anziehend, die anderen unmoralisch oder sittlich abstoßend fanden.

☹ ☹ ☹

Die Arbeit ist sprachlich ordentlich, aber es gibt keine Einordnung in den Gesamtzusammenhang, da der Inhalt der Novelle nur bis zur vorgelegten Textstelle erzählt wird. Der Schluss bleibt unerwähnt; es wird sofort in den Analyseteil eingestiegen. Auf den wichtigen Segelunfall wird nicht eingegangen. So entsteht keine Gesamterschließung der Novelle, was die Aufgabenstellung jedoch verlangt.

Der Fachbegriff „Metapher" wird zum Teil falsch verwendet („Leben" steht nicht für „Kerze", sondern umgekehrt).

Der Schluss spricht von Normen und Wertvorstellungen, die nicht erläutert werden. Das ist viel zu vage und beinhaltet letztendlich keine Aussage. Dies ist eine Schwäche, die die gesamte Arbeit durchzieht; sie bietet viel Paraphrase, aber kaum eigene Gedanken. Außerdem ist kein einziges Zitat belegt.

G Erschließung eines Dramentextes

Was müssen Sie über die Erschließung eines Dramentextes wissen?

Diese Aufsatzform beschäftigt sich mit der Analyse von dramatischen Texten. Hierbei handelt es sich immer um einen Akt oder eine Szene aus einem Theaterstück. Notwendig sind neben Analysetechniken

- gattungsspezifische Kenntnisse: äußerer Aufbau, Dialogstruktur, Personencharakteristik, Handlungsstrukturen und Konfliktaufbau, eventuell Verfremdungstechniken;
- Epochenwissen: soziokultureller und geistesgeschichtlicher Hintergrund;
- Informationen zum Autor.

Wie bei der Erschließung eines Erzähltextes gibt es bei der Erschließung eines dramatischen Textes zwei große Teile:

- Erfassung des Textinhalts
- Untersuchung der formalen Elemente des Textes in ihrer Funktion mit dem Ziel einer Gesamtdeutung

Bei der Bearbeitung des Themas sollten Sie darauf achten, was die Aufgabenstellung im Besonderen verlangt. Meistens sind folgende Punkte zu bearbeiten:

- Zusammenfassung des Szeneninhalts/strukturierte Textwiedergabe
- Darlegung des Aufbaus (traditionell oder modern)
- Analyse sprachlicher Mittel, eventuell Dialoganalyse
- Herausarbeiten der Gesamtaussage mit Autorintention

Vorsicht, Falle!

Die sechs häufigsten Fehler, die bei der Erschließung eines dramatischen Textes gemacht werden, sind:

- Die Textwiedergabe ist unvollständig; die Kernaussage wird nicht richtig herausgearbeitet.
- Die Szene und ihre Bedeutung für den Gesamtzusammenhang werden falsch eingeschätzt.
- Der Aufsatz wird ungleichgewichtig, da einer Teilfrage zu viel Aufmerksamkeit geschenkt wird, zum Beispiel Betonung des Inhalts gegenüber den anderen Aspekten.
- Die Analyse der Dialogstruktur ist eine bloße Wiederholung der Inhaltswiedergabe ohne Klassifizierung der einzelnen Sprechakte/Gesprächsteile.
- Die einzelnen Figuren des Dramas werden nicht ausreichend oder unzutreffend charakterisiert.
- Es werden Behauptungen aufgestellt, die nicht mit Textzitaten belegt werden.

J. W. Goethe: Faust I

1 **Analysieren Sie den folgenden Textausschnitt aus J. W. Goethes Drama „Faust I" nach Inhalt, Aufbau und Sprache. Ordnen Sie dabei die Textstelle in den Gesamtzusammenhang ein.**

Zeigen Sie ferner die unterschiedlichen, im Text erkennbaren Einstellungen zu Sitte und Moral auf und ziehen Sie ein weiteres literarisches Werk zum Vergleich heran.

NACHT – Straße vor Gretchens Türe.

VALENTIN *Soldat, Gretchens Bruder:*
Wenn ich so saß bei einem Gelag',
Wo mancher sich berühmen mag,
Und die Gesellen mir den Flor
Der Mägdlein laut gepriesen vor,
Mit vollem Glas das Lob verschwemmt,
Den Ellenbogen aufgestemmt,
Saß ich in meiner sichern Ruh,
Hört all dem Schwadronieren zu
Und streiche lächelnd meinen Bart
Und kriege das volle Glas zur Hand
Und sage: „Alles nach seiner Art!
Aber ist eine im ganzen Land,
Die meiner trauten Gretel gleicht,
Die meiner Schwester das Wasser reicht?"
Top! Top! Kling! Klang! das ging herum;
Die einen schrien: „Er hat recht,
Sie ist die Zier vom ganzen Geschlecht!"
Da saßen alle die Lober stumm.
Und nun! – um's Haar sich auszuraufen
Und an den Wänden hinaufzulaufen! –
Mit Stichelreden, Naserümpfen
Soll jeder Schurke mich beschimpfen!
Soll wie ein böser Schuldner sitzen,
Bei jedem Zufallswörtchen schwitzen!
Und möcht ich sie zusammenschmeißen,
Könnt ich sie doch nicht Lügner heißen.

Was kommt heran! Was schleicht herbei?
Irr ich nicht, es sind ihrer zwei.
Ist er's, gleich pack ich ihn beim Felle,
Soll nicht lebendig von der Stelle!

Faust. Mephistopheles.

FAUST: Wie von dem Fenster dort der Sakristei
Aufwärts der Schein des Ew'gen Lämpchens flämmert
Und schwach und schwächer seitwärts dämmert,
Und Finsternis drängt ringsum bei!
So sieht's in meinem Busen nächtig.
MEPHISTOPHELES: Und mir ist's wie dem Kätzlein schmächtig,
Das an den Feuerleitern schleicht,
Sich leis dann um die Mauern streicht;
Mir ist's ganz tugendlich dabei,
Ein bisschen Diebsgelüst, ein bisschen Rammelei.
So spukt mir schon durch alle Glieder
Die herrliche Walpurgisnacht.
Die kommt uns übermorgen wieder,
Da weiß man doch, warum man wacht.
FAUST: Rückt wohl der Schatz indessen in die Höh,
Den ich dort hinten flimmern seh?
MEPHISTOPHELES: Du kannst die Freude bald erleben,
Das Kesselchen herauszuheben.
Ich schielte neulich so hinein
Sind herrliche Löwentaler drein.
FAUST: Nicht ein Geschmeide, nicht ein Ring,
Meine liebe Buhle damit zu zieren?
MEPHISTOPHELES: Ich sah dabei wohl so ein Ding,
Als wie eine Art von Perlenschnüren.
FAUST: So ist es recht! Mir tut es weh,
Wenn ich ohne Geschenke zu ihr geh.
MEPHISTOPHELES: Es sollt Euch eben nicht verdrießen,
Umsonst auch etwas zu genießen.
Jetzt, da der Himmel voller Sterne glüht,
Sollt Ihr ein wahres Kunststück hören:
Ich sing ihr ein moralisch Lied,
Um sie gewisser zu betören.

Singt zur Zither:
Was machst du mir
Vor Liebchens Tür,
Kathrinchen, hier
Bei frühem Tagesblicke?
Lass, lass es sein!
Er lässt dich ein,
Als Mädchen ein,
Als Mädchen nicht zurücke.

Nehmt euch in acht!
Ist es vollbracht,
Dann gute Nacht,
Ihr armen, armen Dinger!
Habt ihr euch lieb,
Tut keinem Dieb
Nur nichts zulieb,
Als mit dem Ring am Finger.

VALENTIN *tritt vor:*
Wen lockst du hier? beim Element!
Vermaledeiter Rattenfänger!
Zum Teufel erst das Instrument!
Zum Teufel hinterdrein den Sänger!
MEPHISTOPHELES: Die Zither ist entzwei, an der ist nichts zu halten.
VALENTIN: Nun soll es an ein Schädelspalten!
MEPHISTOPHELES *zu Faust:* Herr Doktor, nicht gewichen! Frisch!
Hart an mich an, wie ich Euch führe.
Heraus mit Eurem Flederwisch!
Nur zugestoßen! Ich pariere.
VALENTIN: Pariere den!
MEPHISTOPHELES: Warum denn nicht?
VALENTIN: Auch den!
MEPHISTOPHELES: Gewiss!
VALENTIN: Ich glaub, der Teufel ficht!
Was ist denn das? Schon wird die Hand mir lahm.
MEPHISTOPHELES *zu Faust:* Stoß zu!
VALENTIN *fällt:* O weh!
MEPHISTOPHELES: Nun ist der Lümmel zahm!
Nun aber fort! Wir müssen gleich verschwinden,
Denn schon entsteht ein mörderlich Geschrei.
Ich weiß mich trefflich mit der Polizei,
Doch mit dem Blutbann schlecht mich abzufinden.

MARTHE *am Fenster:* Heraus! Heraus!
GRETCHEN *am Fenster:* Herbei ein Licht!
MARTHE *wie oben:* Man schilt und rauft, man schreit und ficht.
VOLK: Da liegt schon einer tot!
MARTHE *heraustretend:* Die Mörder, sind sie denn entflohn?
GRETCHEN *heraustretend:* Wer liegt hier?
VOLK: Deiner Mutter Sohn.
GRETCHEN: Allmächtiger! welche Not!
VALENTIN: Ich sterbe! das ist bald gesagt
Und bälder noch getan.
Was steht ihr Weiber, heult und klagt?
Kommt her und hört mich an!

Alle treten um ihn.

Mein Gretchen, sieh! du bist noch jung,
Bist gar noch nicht gescheit genung,
Machst deine Sachen schlecht.
Ich sag dir's im Vertrauen nur:
Du bist doch nun einmal eine Hur';
So sei's auch eben recht!
GRETCHEN: Mein Bruder! Gott! Was soll mir das?
VALENTIN: Lass unsern Herrgott aus dem Spaß.
Geschehn ist leider nun geschehn,
Und wie es gehn kann, so wird's gehn.
Du fingst mit einem heimlich an,
Bald kommen ihrer mehre dran,
Und wenn dich erst ein Dutzend hat,
So hat dich auch die ganze Stadt.
Wenn erst die Schande wird geboren,
Wird sie heimlich zur Welt gebracht,
Und man zieht den Schleier der Nacht
Ihr über Kopf und Ohren;
Ja, man möchte sie gern ermorden.
Wächst sie aber und macht sich groß,
Dann geht sie auch bei Tage bloß,
Und ist doch nicht schöner geworden.
Je hässlicher wird ihr Gesicht,
Je mehr sucht sie des Tages Licht.

Ich seh' wahrhaftig schon die Zeit,
Dass alle brave Bürgersleut,
Wie von einer angesteckten Leichen,
Von dir, du Metze! seitab weichen.
Dir soll das Herz im Leib verzagen,
Wenn sie dir in die Augen sehn!
Sollst keine goldne Kette mehr tragen!
In der Kirche nicht mehr am Altar stehn!
In einem schönen Spitzenkragen
Dich nicht beim Tanze wohlbehagen!
In eine finstre Jammerecken
Unter Bettler und Krüppel dich verstecken,
Und, wenn dir denn auch Gott verzeiht,
Auf Erden sein vermaledeit!
MARTHE: Befehlt Eure Seele Gott zu Gnaden!
Wollt Ihr noch Lästrung auf Euch laden?
VALENTIN. Könnt ich dir nur an den dürren Leib,
Du schändlich kupplerisches Weib!
Da hofft ich aller meiner Sünden
Vergebung reiche Maß zu finden.
GRETCHEN: Mein Bruder! Welche Höllenpein!
VALENTIN: Ich sage, lass die Tränen sein!
Da du dich sprachst der Ehre los,
Gabst mir den schwersten Herzensstoß.
Ich gehe durch den Todesschlaf
Zu Gott ein als Soldat und brav.
Stirbt.

Beispiel 1

A Parallelen zwischen dem Autor J. W. Goethe und der Figur des Dr. Faust
B Analyse der Szene „Nacht. Straße vor Gretchens Türe" aus „Faust I"
  I. Inhalt und Aufbau
    1. Valentins Bericht
    2. Mephisto und Faust vor Gretchens Fenster
    3. Zweikampf und tödliche Verwundung Valentins
    4. Öffentliche Bloßstellung Gretchens
  II. Sprache
    1. Gesprächsform
      a) Valentins erster Monolog
      b) Dialoge
      c) Valentins zweiter Monolog
    2. Reimschema
    3. Stilmittel
  III. Einordnung der Szene in den Gesamtzusammenhang
  IV. Verschiedene Einstellungen zu Sitte und Moral
    1. Valentins bürgerlich-konservative Haltung
    2. Marthes Scheinmoral
    3. Mephistos Spott über Moral und Anstand
    4. Fausts passiv-egoistisches Verhalten
    5. Gretchens Familiensinn
  V. Vergleich mit Büchners „Woyzeck"
C Darstellung des historischen Faust

Das Drama „Faust" wird oft als Goethes Lebenswerk bezeichnet, da er es immer wieder erweitert und umgestaltet hat. Deshalb ist es nicht verwunderlich, dass prägende Ereignisse aus verschiedenen Lebensabschnitten des Dichters eingearbeitet worden sind. So verliebt sich der junge Goethe während seiner Studienzeit in Straßburg in Friederike Brion und verlässt sie wegen seiner Bindungsangst ebenso wie die Figur Faust im Drama das Mädchen Margarete. Eine weitere Parallele zwischen Realität und Fiktion liegt in einem Frankfurter Strafverfahren gegen die Kindsmörderin Susanna Margaretha Brandt, das Goethe 1772 aufmerksam verfolgte. Dieser Prozess und die Hinrichtung wurden zu einer Quelle für die Gretchentragödie.

An diesen Beispielen wird deutlich, dass Goethe in seinem Drama tatsächlich verschiedene reale Ereignisse verarbeitet und aktuelle Themen der Zeit aufgreift, so auch in der Szene „Nacht. Straße vor Gretchens Türe". ▶▶

Gretchens Bruder Valentin, ein Soldat, der vom Fall seiner Schwester gehört hat, tritt zum ersten Mal auf. Er ist verärgert über Margaretes Verhalten. Wenn er mit Freunden zusammensaß, konnte er sich bisher seiner vorbildlichen Schwester rühmen. Doch inzwischen wird Gretchen wegen ihrer Schwangerschaft in der Öffentlichkeit verhöhnt, und auch Valentin kann sich den Lästereien über seine Familie nicht entziehen. Er schämt sich für seine Schwester und muss dem Gerede der Leute sogar Recht geben (V. 3620–3645). Nun möchte Valentin dem Liebhaber Gretchens auflauern und beobachtet dabei Faust und Mephisto vor dem Fenster seiner Schwester (V. 3646–3649). Die beiden sehen Margarete im Licht ihrer Stube und bestaunen ihre Schönheit. Bei Mephisto kommt Vorfreude auf die Walpurgisnacht auf. Er überreicht Faust ein Geschenk für die Geliebte (V. 3650–3675). Dann stimmt er ein Lied an, das schließlich Valentin aus seiner Beobachtungsposition lockt. Es kommt zum Streitgespräch, welches in einem Zweikampf zwischen dem Bruder und Faust, dessen Hand von Mephisto geleitet wird, eskaliert. Valentin wird niedergestochen (V. 3676–3711). Während Faust und Mephisto flüchten, kommen Gretchen, Marthe und das Volk, durch die nächtliche Ruhestörung neugierig gemacht, auf die Straße. Sie entdecken den schwer verletzten Valentin am Boden liegend. Bevor Valentin stirbt, stellt er seine Schwester in der Öffentlichkeit bloß und verflucht sie. Er bezeichnet Gretchen als Stadthure und verurteilt ihre Schwangerschaft als schlimme Sünde. Auch gibt er zu bedenken, dass sie sich bei keinerlei öffentlichen Veranstaltungen mehr sehen lassen könne. Mit ihrem Verhalten habe Gretchen die Ehre der Familie verletzt; das ist die schlimmste Erniedrigung für Valentin (V. 3711–3775).

Um den Inhalt besser verstehen zu können, ist es wichtig, die sprachliche Gestaltung der Szenen näher zu betrachten. Die Szene beginnt mit einem Monolog Valentins. Es schließt sich ein Dialog zwischen Faust und Mephisto mit annähernd gleichen Sprechanteilen an, der direkt in das Lied des Teufels übergeht, das Valentin aus der Reserve lockt. Dieser mischt sich in das Gespräch ein, das zu einem verbalen und später tatsächlichen Schlagabtausch wird. Mephisto kündigt die Flucht an, während Marthe, Gretchen und das Volk auf die Straße laufen. Es kommt zu einer großen „Gesprächsrunde", wobei Valentins zweiter Monolog einen besonderen Stellenwert einnimmt. Er hält Gretchen eine Strafpredigt und verflucht sie vor allen Leuten. Letztendlich spricht er sich von aller Schuld frei am Schicksal seiner Schwester und hinterlässt diese völlig schutzlos.

Um den Bericht des Bruders am Anfang drastischer zu gestalten, werden Knittelverse verwendet (vgl. V. 3622 ff.). Der Monolog wirkt holzschnittartig und zeigt Valentins Aggressionen: „Und möcht ich sie zusammenschmeißen / Könnt ich sie doch nicht Lügner heißen". Valentins Enttäuschung und Wut werden durch diese eingängige Versform klanglich unterstrichen. Auch das Lied

Mephistos wird auf ähnliche Weise hervorgehoben. Es gleicht einer Volksliedstrophe mit jambischem Metrum. Die Situation wird mit Sätzen wie: „Er lässt dich ein / Als Mädchen ein / Als Mädchen nicht zurücke" nicht nur aufgelockert, sondern schon ins Lächerliche gezogen. Ein weiteres Beispiel dafür ist der Ausspruch: „Nehmt euch in acht! / Ist es vollbracht, / Dann gute Nacht, / Ihr armen, armen Dinger!". Mephisto spielt auf Fausts Beziehung zu Gretchen an und macht sich über die Reaktion der Öffentlichkeit auf ihre Schwangerschaft lustig. An dieser Stelle hätte man eher ein Liebeslied Fausts unter Gretchens Fenster erwartet. Dadurch, dass stattdessen Mephisto mit seinem zynischen Vortrag auftritt, wird der Kontrast zwischen der Lesererwartung und dem Geschehen im Drama besonders deutlich. Der leichte und heitere Rhythmus unterstreicht Mephistos Schadenfreude. Das feste Reimschema beinhaltet eine Mischung aus erweitertem Paarreim und umarmendem Reim (a a a b c c c b d d d e f f f e). Dadurch ist das Stück eingängig und einfach zu singen. In der restlichen Szene gibt es verschiedene Reimformen.

Die Szene ist stilistisch durchgestaltet. Auffällig ist die Häufung von Formen der Wiederholung wie Alliteration, Anapher und Wortdoppelungen. Vor allem in Valentins erstem Monolog treten viele Anaphern auf, wodurch Valentin in seiner naiv-schwärmerischen Art charakterisiert wird: „Und streiche lächelnd meinen Bart / Und kriege das volle Glas zur Hand / Und sage: Alles nach seiner Art!". Damals konnte er noch mit dem Wissen um Gretchens vorbildliche Haltung fragen, ob es ein Mädchen gebe, das seiner „trauten Gretel gleicht" und das seiner Schwester „das Wasser reicht". Gretchens neue negative Bewertung durch die Öffentlichkeit wird mit dem gleichen Stilmittel unterstrichen (vgl. V. 3638 f. und V. 3641 f.). So wird Valentins Wut auf seine Schwester klar.

Betrachtet man die Szene im Gesamtzusammenhang des Dramas, geht Gretchens öffentlicher Bloßstellung durch ihren Bruder eine unbewusste Verhöhnung durch ihre Freundin Lieschen voraus. Dass Gretchen selbst Bescheid weiß, wird in der Szene „Zwinger" deutlich. Nach Valentins Ermordung durch Faust folgt die Domszene, in der ersichtlich wird, dass Gretchen in der Religion keinen Halt mehr findet und sich von Gott verstoßen fühlt.

„Nacht. Straße vor Gretchens Türe" ist also eine wichtige Etappe auf dem Weg Gretchens in die vollkommene Isolation. Nach dem Duell ist neben der Mutter auch der Bruder als Hüter der Moral aus dem Weg geräumt. Margarete verliert ihren familiären Rückhalt und vereinsamt. Durch den Tod des Bruders, den sie indirekt mitverursacht hat, wird sie in Schuld verstrickt. Gretchen wird als positiver Gegenpol zu Mephisto in Frage gestellt. Der Teufel muss also weniger fürchten, Fausts Seele an sie und damit an Gott zu verlieren.

Die Szene ist nicht nur ein wichtiges Bindeglied im Gesamtzusammenhang. In diesem Ausschnitt lassen sich auch unterschiedliche Einstellungen zu Sitte und Moral erkennen. Valentin hat typisch männliche Ehrvorstellungen. Für ihn ist es die schlimmste Schande, dass Gretchen die Ehre der Familie in den Schmutz gezogen hat. Damit habe sie ihm den „schwersten Herzensstoß“ (V. 3773) gegeben. Margaretes Bruder vertritt Sitte und Moral also öffentlich. Es ist ihm beispielsweise wichtig, dass er früher vor seinen Freunden mit seiner vorbildlichen Schwester prahlen konnte. Durch seinen Tod im Duell glaubt er, die Familienehre wieder hergestellt zu haben. Dabei versäumt er es nicht, in der Öffentlichkeit klarzustellen, dass er das Verhalten seiner Schwester missbilligt – und lästert dabei sogar Gott.

Marthe ist mit den Regeln der Sitte und des Anstandes vertraut (vgl. V. 3764 f.), doch sie hat vollstes Verständnis für Gretchens Verhalten. Für sie sind Valentins Schmähungen gegen seine Schwester ein schlimmeres Vergehen als deren uneheliche Schwangerschaft. Sie selbst unterläuft in ihrer materialistischen Art die öffentliche Moral, indem sie Gretchen gegenüber ihrer Mutter zum Lügen verführt (vgl. V. 2879 – 2892).

Mephisto, der den Teufel selbst verkörpert, hält von Moral überhaupt nichts. Die Empörung des Volkes belustigt ihn vielmehr (vgl. V. 3690 f.), was er in seinem Lied ausdrückt. Seine Anspielungen auf die Walpurgisnacht (vgl. V. 3655 – 3661) zeigen deutlich seine Haltung gegenüber Sexualität und Gaunereien. Es macht ihm auch nichts aus, Valentin kaltblütig umzubringen: „Nun ist der Lümmel zahm“. Er ist genau das Gegenteil dessen, was Sitte und Moral vorschreiben, also die Verkörperung der Antimoral. In diesem Stadium der Handlung hat Mephisto Faust bereits so sehr beeinflusst, dass dieser nur eine passive Rolle spielt und moralisch nicht präsent ist, um Gretchen gegen Angriffe der Gesellschaft zu verteidigen. Dadurch, dass er nicht zu ihr steht und mit Mephisto flüchtet, überlässt er sie sich selbst (vgl. V. 3712 – 3715).

Gretchen selbst glaubt sehr stark an kirchliche Dogmen und bürgerliche Moral. Da sie sich sogar in ihrer schlimmen Situation nicht davon frei machen kann, wehrt sie sich nicht gegen die Vorwürfe des Bruders und kann nur noch weinen.

Auch in einem anderen berühmten Drama, in Büchners „Woyzeck“, kann sich der Protagonist nicht angemessen gegen gesellschaftliche Moralansprüche wehren. Besonders sein vorgesetzter Hauptmann fordert von ihm, tugendhaft zu handeln, und wirft ihm, beispielsweise in der Rasierszene, vor, ein uneheliches Kind zu haben. Hier zeigt sich eine Parallele zu der Situation, in der sich Gretchen befindet. Woyzeck versucht, seinem Vorgesetzten zu erklären, dass Moral ein Luxus sei, den sich nur Reiche leisten könnten. Er als armer Soldat müsse

zunächst einmal die Existenzgrundlage für seine Familie sichern, bevor er einen Gedanken daran verschwenden könne, ob sein Verhalten moralisch sei oder nicht. Mit diesem Einwand stößt er beim Hauptmann aber auf taube Ohren. Zusammen mit dem Doktor bildet Woyzecks Vorgesetzter ein Gespann, das den Protagonisten fortwährend demütigt, unterdrückt und ausnützt, also selbst keineswegs moralisch handelt. Woyzecks Bemühungen, ein guter Mensch zu sein, werden von der Gesellschaft nie gewürdigt, obwohl er alles für seine geliebte Marie und ihr Kind tut. Als Marie ihn dann in ihrem Wunsch, gesellschaftlich aufzusteigen, betrügt, weiß er sich nicht mehr zu helfen und bringt sie um.
Anders als Gretchen, die das durch gesellschaftliche Moralansprüche bedingte Leid in sich verschließt, versucht Woyzeck, seinem Gefühlsstau ein Ventil zu verschaffen. Dies gelingt ihm zwar mit seiner Mordtat, jedoch nur um den Preis der kompletten Selbstzerstörung. Beide Protagonisten können die gesellschaftlich bedingten Fesseln also nur im Tod abstreifen.

Um die Betrachtung abzurunden, soll nun noch der Blick auf den historischen Faust gelenkt werden. Die Figur des Dr. Faust geht auf eine reale Person, einen gewissen Johann Gregorius Faustus aus der Reformationszeit, zurück. Der 1540 in Knittlingen geborene hochbegabte Autodidakt beschäftigte sich mit Astrologie, Wahrsagerei und Alchemie. Schon zu Lebzeiten rankten sich viele Spekulationen und Gerüchte um diesen Mann. Sein Tod erscheint ebenso mysteriös. Er starb bei einem seiner geheimen Experimente. Wissenschaft, Experiment und antibürgerliche Lebensführung verbinden ihn mit der Figur aus Goethes Drama.

Diese Arbeit ist gekennzeichnet durch einen musterhaften Aufbau auf der Basis einer sehr guten Gliederung. Die Verfasserin schafft durch – freilich manchmal etwas formelhafte – Überleitungen ein organisches Ganzes. Auch der Vergleich mit Büchners „Woyzeck“ gelingt, da ein deutlicher Bezug zum „Faust“ hergestellt wird.

Deutlich wird hier auch, wie wichtig eine umfassende Textkenntnis ist. Daneben besitzt die Verfasserin eine sehr gute Zitiertechnik und bringt reichlich Textbelege, die sinnvoll und abwechslungsreich angewendet werden.

Beispiel 2

A Goethe als Meister der deutschen Dichtkunst
B Analyse der Szene „Nacht. Straße vor Gretchens Türe“
  1. Inhalt
     a) Valentins Bericht
     b) Begegnung Valentins mit Faust und Mephisto
     c) Valentins Vorwürfe gegen Gretchen
  2. Sprachliche Gestaltung
     a) Monologe und Dialoge
     b) lyrische Sprache
  3. Bedeutung für den Gesamtzusammenhang
  4. Unterschiedliche Einstellungen zu Sitte und Moral
     a) Valentin
     b) Marthe
     c) Woyzeck
C „Faust“ als faszinierendes Thema

J. W. von Goethe ist für viele Menschen der Inbegriff hervorragender deutscher Dichtkunst. Auch wegen seiner Werke wurde Deutschland das Land der Dichter und Denker genannt. Goethe wurde 1749 in Frankfurt am Main geboren. Er studierte Jura, wurde jedoch durch seine Dichtungen weltbekannt. In Weimar pflegte Goethe Umgang mit einem weiteren deutschen Dichter, Friedrich von Schiller. 1832 starb Goethe dann in Weimar.
Ein Werk hat ihn sein ganzes Leben über beschäftigt – sein Faust-Drama ist das bis heute wohl bekannteste Werk von Goethe. Bereits als Kind hatte er ein Puppenspiel über Dr. Faustus gesehen, doch es dauerte bis kurz vor seinem Tod, bis er sein Lebenswerk vollenden konnte.

Im Folgenden soll eine Szene aus „Faust I“ analysiert werden. Es handelt sich dabei um die Szene „Nacht. Straße vor Gretchens Türe“. Diese soll hinsichtlich des Inhalts, der sprachlichen Gestaltung, der Bedeutung für den Gesamtzusammenhang und der unterschiedlichen Einstellung zu Sitte und Moral untersucht werden.

Im ersten Abschnitt der Szene erzählt Gretchens Bruder Valentin zunächst von seiner Zeit beim Militär. Er berichtet von den Gelagen, die er mit anderen Soldaten hatte, und vergleicht die Mädchen, die ihnen dabei Gesellschaft leisteten, mit seiner Schwester Margarete. Keine andere Frau sei so tugendhaft gewesen wie seine Schwester. Doch als er vom Militär heimkehrt, muss er sich die Lästereien über den veränderten Lebenswandel seiner Schwester anhören und kann trotz seiner Wut nicht behaupten, dass das Lügen seien.

Im zweiten Abschnitt unterhalten sich Faust und Mephisto zuerst über die kommende Walpurgisnacht und über ein Geschenk, das Faust seinem Gretchen bringen möchte. Mephisto singt anschließend ein Lied, um sie angeblich zu betören. Nach dem Lied tritt Valentin in Erscheinung, der sich versteckt hatte. Er zerstört Mephistos Zither und fordert ihn zum Kampf auf. Dieser endet für Valentin mit einer schweren Verletzung. Faust und Mephisto müssen jetzt schnell vor der Polizei fliehen, denn man hört schon überall Geschrei wegen dem Kampf und dem vergossenen Blut.
Im dritten Abschnitt entdeckt Marthe den verwundeten Valentin vom Fenster aus und ruft Gretchen herbei. Valentin ist noch nicht tot und fordert das Volk und Gretchen auf, näher zu ihm zu kommen, damit sie hören, was er sagt. Er wirft Gretchen ihre Taten vor und warnt sie, dass bald immer wieder neue Männer kommen würden und sie ihr restliches Ansehen ganz verlieren werde. Er verachtet Gretchen und wünscht ihr, dass ihr Leben auf Erden gänzlich ohne Freude ablaufen solle. Auch Marthe gibt er die Schuld an dem Unglück. Schließlich stirbt Valentin an seiner Verletzung.

Die Szene wird, wie so oft im „Faust“, von Monologen und Dialogen dominiert. Sie beginnt mit einem Monolog von Valentin; dieser zeigt, wie allein er sich fühlt. Er hat sich von seiner Schwester abgewendet und hat jetzt keine Familie mehr, denn auch seine kleine Schwester hat er verloren, ebenso wie seine Mutter und seinen Vater.
Danach folgt der Dialog zwischen Faust und Mephisto, der durch Mephistos Lied unterbrochen wird. Durch das Lied wird Valentin angelockt und setzt sich zunächst verbal und dann handgreiflich mit Mephisto auseinander. Nach diesem Kampf entsteht in der Szene eine gewisse Unordnung. Nach der ganzen Aufregung auf der Straße folgt ein weiterer Monolog von Valentin, der nur kurz durch Gretchen unterbrochen wird. Ihr Bruder lässt sie nicht zu Wort kommen, denn für ihn ist sie nur noch „eine Hur“ und nicht mehr seine Schwester. Es folgt noch ein kurzes Dreiergespräch, bevor Valentin stirbt. Er fühlt sich befreit, da er seine Wut zum Ausdruck gebracht hat und Mephisto, Gretchen und Marthe die Meinung gesagt hat. Diese tragen seiner Meinung nach die Schuld am Elend.

Zur lyrischen Gestaltung der Sprache lässt sich sagen, dass in der Szene meist in Jamben gesprochen wird. Der erste Monolog von Valentin ist in Knittelversen geschrieben und Mephistos Lied in einer Art Volksliedstrophe gehalten. Auffällig sind auch die verschiedenen auftretenden Reimformen wie Paarreime, Kreuzreime oder umarmende Reime. Diese Reimarten wechseln unregelmäßig. Ein hervorstechendes stilistisches Mittel ist die Lautmalerei, mit der Valentin seine einstige Freude beim Trinken zum Ausdruck bringt: „Top! Top! Kling! Klang!“. Die Kampfszene belebt der Autor durch besonders kurze Sätze, die die Aufregung verdeutlichen sollen.

Wenn man neben der Sprache auch die Bedeutung der Szene für den Gesamtzusammenhang betrachtet, so fällt auf, dass sich hier wichtige Ereignisse abspielen. Die Tatsache, dass Valentin wieder nach Hause kommt und sich von Gretchen abwendet, verletzt diese sehr. Durch seinen Tod schreitet die Gretchentragödie weiter fort. Margarete verliert nach und nach alle wichtigen Personen in ihrem Leben. Ihre Mutter ist bereits gestorben und somit ist von ihrer Familie keiner mehr für sie da. Auch Faust, Gretchens Geliebter, verlässt sie vorübergehend. Durch den Mord an Valentin sind er und Mephisto gezwungen, die Stadt zu verlassen. Gretchen ist somit ganz auf sich allein gestellt und bringt in ihrer Verzweiflung ihr uneheliches Kind, das sie von Faust empfangen hat, um.

Doch auch der Verlust ihrer Ehre macht ihr zu schaffen. Wer in der Stadt gegen die gängige Moral verstößt, fällt den Lästereien der Frauen und der Verachtung der Männer, deren Ehrvorstellungen nicht erfüllt werden, zum Opfer. Gretchen sucht dann Hilfe in der Kirche. Doch auch dort findet das vormals sündenfreie Mädchen keinen Zugang. Dies liegt ihr schwer auf der Seele. Schließlich endet Gretchen im Kerker. Als Faust nach der Flucht zu Gretchen zurückkehren will, erkennt sie ihn zunächst nicht mehr. Sie sagt sich von ihm los, als sie merkt, dass Mephisto immer noch bei Faust ist. Mephisto ist der Teufel und Gretchen hat ihn von Anfang an „aus tiefer innrer Seele" gehasst. Mephisto war immer der Gegenpol zu Gretchen. Beide haben um Fausts Seele gekämpft – Gretchen, weil sie ihn liebt, Mephisto, weil er mit Gott um Fausts Seele streitet. Am Ende des ersten Teils der Tragödie hat Gretchen es allerdings nur geschafft, ihre eigene Seele zu retten, und auch Mephisto hat Fausts Seele nicht erlangen können.

In der Zeit, in der das Werk entstanden ist, galten für Frauen und Männer unterschiedliche Moralvorstellungen. Valentin ist ein Beispiel dafür. Er selbst hat beim Militär ein ausschweifendes Leben mit Frauen und Gelagen geführt. Doch als er erfährt, dass Gretchen einen Liebhaber hat, will er nichts mehr mit ihr zu tun haben. Wenn Männer ein ausschweifendes Leben geführt haben, hat das niemanden gestört. Doch wenn Frauen das taten, sagten sie sich „der Ehre los". Eine Frau, die sich dagegen wehrt, ist Marthe, die Nachbarin von Gretchen. Valentin nennt sie ein „schändlich kupplerisches Weib" und bringt damit zum Ausdruck, dass Marthe zur unmoralischen Verbindung zwischen Gretchen und Faust beigetragen hat. Bei ihr konnten sie sich immer treffen (vgl. Garten, Marthens Garten). Sie unterläuft damit die öffentliche Moral. Ein weiterer Hinweis auf ihre Sittenlosigkeit zeigt sich, als sie nach dem angeblichen Tod ihres Mannes gleich nach dem Erbe und dem Totenschein fragt. Marthe hat also einen schlechten Einfluss auf Gretchen und trägt somit zur Gretchentragödie bei.

Die Hauptfiguren in Büchners „Woyzeck" enden ebenfalls tragisch, weil sie sich gesellschaftlichen Moralansprüchen nicht entziehen können. Woyzeck bemüht sich ein Leben lang, moralisch zu handeln, und verliert völlig die Selbstkontrolle, als er merkt, dass seine Geliebte diese Versuche nicht würdigt und er ihr nicht mehr genügen kann. In seiner Verzweiflung bringt er erst sie und dann – wahrscheinlich – sich selbst um. Auch hier haben also festgefügte Vorstellungen von Sitte und Moral zum Tod eines Liebespaares beigetragen.

Der Fauststoff faszinierte die Menschen immer wieder. Es gab mehrere Dichter, die über einen gewissen Dr. Faust geschrieben haben, so zum Beispiel Thomas Mann in seinem „Doktor Faustus". Die Figur des Faust wird immer gern genommen, wenn große Existenz- und Lebensfragen thematisiert werden. Auch heute noch ist Goethes „Faust" ein beliebtes Drama. So wurde zum Beispiel zur Expo in Hannover die gesamte Tragödie von Faust in einer 13-stündigen Aufführung gezeigt. Man kann also sehen, dass Goethe vor 200 Jahren ein Werk geschaffen hat, das die Menschen auch heute noch berührt.

Das Aufsatzbeispiel beginnt mit einer formal falschen Gliederung, da das Nummerierungsschema des alphanumerischen Systems nicht beachtet wurde.

Was den Inhalt der Arbeit betrifft, wird bereits in der Gliederung die Unvollständigkeit der Bearbeitung erkennbar. Die Ausführungen zu den Moralvorstellungen berücksichtigen nicht alle handelnden Personen. Der Vergleich mit Büchners „Woyzeck" fällt zu knapp aus uns bleibt zu allgemein. Direkte Bezugspunkte zur Gretchentragödie fehlen.

Die Einleitung gestaltet sich als Sammelsurium von Informationen, die nicht zum Thema führen. Lob für den Dichter, zumal wenn es sich um Goethe handelt, sollte vermieden werden; es wirkt lächerlich.

Die Inhaltswiedergabe ist viel zu lang und einer Nacherzählung ähnlich, trotzdem wird Wichtiges vergessen (Faust ficht). Die Bedeutung Fausts kommt insgesamt zu kurz. Es hätte in jedem Fall thematisiert werden müssen, weshalb er in der analysierten Szene so passiv bleibt.

Insgesamt ist die Arbeit zu inhaltslastig und zu wenig analytisch; dies ist das eigentliche Problem, aus dem die anderen Schwächen resultieren. Der sprachliche Ausdruck ist an vielen Stellen mangelhaft und teilweise unfreiwillig komisch, zum Beispiel: „Nach diesem Kampf entsteht in der Szene eine gewisse Unordnung." Es gibt kaum Textbelege.

H Gedichtinterpretation

Was müssen Sie über die Gedichtinterpretation wissen?

Diese Aufsatzform beschäftigt sich mit lyrischen Texten, die traditionell oder modern gestaltet sein können. Es gibt die Analyse eines Einzelgedichts oder Gedichtvergleiche. Die Gedichte können aus der gleichen Epoche oder aus unterschiedlichen Epochen stammen. Wichtig ist auf jeden Fall immer, auf Themen, Motivgestaltung und äußere Form einzugehen.

Notwendig sind neben Analysetechniken

- gattungsspezifische Kenntnisse: formale Elemente des Gedichts, zum Beispiel Metrum und Reimschema;
- Epochenwissen: soziokultureller und geistesgeschichtlicher Hintergrund;
- Informationen zum Autor.

Wie bei der Erzähltextanalyse gibt es auch bei der Erschließung eines Gedichts zwei große Teile:

- Erfassung des Textinhalts
- Untersuchung der formalen Elemente des Textes in ihrer Funktion mit dem Ziel einer Gesamtdeutung

Bei der Bearbeitung des Themas sollten Sie darauf achten, was die Aufgabenstellung im Besonderen verlangt. Meistens sind folgende Punkte zu bearbeiten:

- Zusammenfassung des Stropheninhalts
- Darlegung der Sinnabschnitte und der Gedichtkomposition
- Analyse sprachlicher und formaler Gestaltungsmittel
- Herausarbeiten der Aussage mit Gesamtdeutung

Ist ein Gedichtvergleich verlangt, so ist die Vorgehensweise prinzipiell identisch: Die beiden Gedichte werden zunächst jedes für sich bearbeitet und danach im Bezug auf Form, Sprache, Motivgestaltung, Epochenzugehörigkeit vergleichend gedeutet. Man kann aber auch so vorgehen, dass die beiden Gedichte bei jedem Analysepunkt direkt miteinander verglichen werden. Eine vergleichende Würdigung schließt sich hier ebenfalls an. Dies ist die anspruchsvollere und elegantere Vorgehensweise.

Außerdem gibt es Gedichtanalysen mit Erörterungsauftrag. Hier gilt es, Kenntnisse aus den Bereichen Erörterung und Gedichtinterpretation miteinander zu verknüpfen.

Vorsicht, Falle!

Die sechs häufigsten Fehler, die bei der Gedichtinterpretation gemacht werden, sind:

- Das Gedicht wird nicht verstanden; die Kernaussage wird nicht zutreffend herausgearbeitet.
- Unsicherheiten bei den formalen Kenntnissen führen zu falschen Aussagen (Reimschema, Metrum, Gedichtform).
- Zwischen Autor und lyrischem Ich wird nicht unterschieden.
- Der Aufsatz wird ungleichgewichtig, da einer Teilfrage zu viel Aufmerksamkeit geschenkt wird, zum Beispiel Betonung der Formanalyse zu Ungunsten der Deutung.
- Sprachlich-stilistische Mittel werden aneinandergereiht, ohne in ihrer Funktion bestimmt zu werden.
- Es wird nicht streng am Text gearbeitet; ein Stichwort dient als Aufhänger für eine falsche Deutungsrichtung, aus der man sich nicht mehr befreien kann.

U. Hahn: Mit Haut und Haar

1 **Interpretieren Sie das folgende Gedicht „Mit Haut und Haar" von Ulla Hahn, indem Sie Inhalt, Form und Sprache untersuchen und zueinander in Bezug setzen. Gehen Sie dabei vertieft auf den Einsatz der Personalpronomen und die dadurch erzielten Effekte ein.**

Mit Haut und Haar

Ich zog dich aus der Senke deiner Jahre
und tauchte dich in meinen Sommer ein
ich leckte dir die Hand und Haut und Haare
und schwor dir ewig mein und dein zu sein.

Du wendetest mich um. Du branntest mir dein Zeichen
mit sanftem Feuer in das dünne Fell.
Da ließ ich von mir ab. Und schnell
begann ich vor mir selbst zurückzuweichen

und meinem Schwur. Anfangs blieb noch Erinnern
ein schöner Überrest der nach mir rief.
Da aber war ich schon in deinem Innern
vor mir verborgen. Du verbargst mich tief.

Bis ich ganz in dir aufgegangen war:
da spucktest du mich aus mit Haut und Haar.

Beispiel 1

A Kurzinformation zu Ulla Hahns Gedicht „Mit Haut und Haar"
B Analyse des Liebesgedichts
  I. Äußere Form
  II. Innerer Aufbau
  III. Erschließung des Zusammenhangs zwischen Form, Inhalt und sprachlicher Gestaltung
    1. Strophe I: Beginn einer Beziehung
    2. Strophe II: Machtergreifung des Du
    3. Strophe III: Selbstaufgabe des Ich
    4. Strophe IV: Ende der Beziehung
  IV. Zusammenfassende Interpretation des Gedichts
C Übertragung auf die Lebenswirklichkeit

Das Gedicht „Mit Haut und Haar" der 1945 geborenen Dichterin Ulla Hahn beschreibt den Verlauf einer Beziehung, in der einer der Partner sich für den anderen aufgibt, schließlich aber allein, verbraucht und ohne eigene Persönlichkeit zurückbleibt.

Im Folgenden werden die Form, der Inhalt und die Sprache erarbeitet und zueinander in Bezug gesetzt, um durch eine abschließende Deutung zu einem besseren Textverständnis zu gelangen.

Das Gedicht besteht aus vier Strophen, drei zu je vier Versen, die vierte mit zwei Versen. Der Reim wechselt; in der ersten Strophe ist es ein Kreuzreim, in der zweiten ein umarmender Reim, in der dritten wiederum ein Kreuzreim und in der vierten ein Paarreim. Bis auf die Verse fünf und sieben, die sechs bzw. vier Hebungen beinhalten, wird das Gedicht von einem fünfhebigen Jambus durchzogen. Die Endungen der ersten und dritten Strophe wechseln mit dem Reim von weiblich zu männlich. Die der zweiten Strophe verhalten sich ebenso wie der Reim, also in der Folge weiblich, männlich, männlich, weiblich. Die vierte Strophe besitzt nur männliche Endungen. Dies könnte man so deuten, dass in der Beziehung am Ende der Mann die Oberhand behält.

Das Gedicht kann in vier Sinnabschnitte unterteilt werden. Der erste entspricht der ersten Strophe und beschreibt den Beginn der Beziehung und die Gefühle des lyrischen Ichs. Der zweite beinhaltet die Verse fünf und sechs und erklärt, wie das Du das Ich an sich bindet, woraufhin dieses sich für jenes aufgibt, wie in Abschnitt drei (Vers sieben bis zehn) deutlich wird. Schließlich verliert sich in Abschnitt vier (Vers elf bis vierzehn) das Ich im Du, woraufhin es vom Partner verstoßen wird.

Aufgrund der vorher analysierten Kadenzen lässt sich vermuten, dass das Du der Mann und das lyrische Ich die Frau ist. Sie beschreibt die ganze Dauer ihrer Beziehung von Anfang an, als sie ihn „aus der Senke (s)einer Jahre zog" (V. 1) und „in (ihren) Sommer" (V. 2) eintauchte, bis zum Ende, als er sie, nachdem sie „ganz in (ihm) aufgegangen war" (V. 13), „mit Haut und Haar" (V. 14) ausspuckt. Die Parallelismen in der ersten Strophe lassen vermuten, dass die Anfänge der Beziehung von der Frau ausgingen. Die Alliterationen „Hand und Haut und Haare" (V. 3) sowie der Binnenreim „ewig mein und dein zu sein" (V. 4) zeigen, wie sehr sie ihn geliebt hat, obwohl sie, die noch im Sommer ihres Lebens stand, wohl jünger war als der bereits „in der Senke (s)einer Jahre" (V. 1) sich befindende Geliebte. Trotzdem scheint er die Beziehung mehr aus Bequemlichkeit denn aus Liebe einzugehen; allein das lyrische Ich ist hier aktiv.

Dennoch ergreift er in Abschnitt zwei Besitz von ihr, indem er ihr sein „Zeichen mit sanftem Feuer in das dünne Fell" (V. 5 f.) brennt und sie umwendet (vgl. V. 5). Dieses Umwenden lässt schon an die spätere Persönlichkeitsveränderung, die in ihr vorgeht, denken. Das Oxymoron des „sanfte(n) Feuer(s)" (V. 6) ist zu verstehen, wenn man das Feuer als Symbol der Leidenschaft betrachtet; durch die Metapher der Brandmarkung mit seinem Zeichen auf ihrem dünnen Fell (vgl. V. 6) werden seine Besitzansprüche deutlich, denn normalerweise wird Vieh gebrandmarkt, um die Stallzugehörigkeit kenntlich zu machen. Die Zunahme der Zahl der Hebungen in Vers fünf verdeutlicht ebenfalls die Machtübernahme des Du. Das Enjambement in diesem Abschnitt zeigt, dass dieser Prozess schleichend vor sich geht.

Doch anstatt sich gegen seine einnehmende Persönlichkeit zu wehren, beginnt sie, sich für ihn aufzugeben (vgl. V. 7). Diese Selbstzurücknahme wird noch betont, da dieser Vers vier statt der üblichen fünf Hebungen hat. Sie weicht sogar vor ihrem Schwur, ihm „ewig mein und dein" (V. 4) zu sein, zurück, da sie nicht mehr sie selbst ist. Auch dieser Vorgang geschieht unmerklich und fließend, wie die Enjambements zwischen den Versen sieben bis neun vermuten lassen.

Schließlich ist der Prozess der Selbstaufgabe so weit fortgeschritten, dass sie ganz in ihm aufgeht (vgl. V. 13). Sie verliert sich; ihre frühere Persönlichkeit verbirgt sich vor ihr selbst (vgl. V. 12) und ihr Partner versucht wohl auch nicht, ihr herauszuhelfen, da es, durch einen Parallelismus betont, heißt, dass auch er sie tief verbirgt (vgl. V. 12). Dieses vollkommene Aufgehen und die daraus vermutlich resultierende Willenlosigkeit werden dem Partner schließlich zu viel und er entledigt sich ihrer (vgl. V. 14). Die Alliteration „Haut und Haar" betont noch einmal, dass sie sich an ihn verloren hat und er mit dem „Rest" nichts mehr anfangen kann.

Der häufige Gebrauch der Personalpronomen „ich“ und „du“ zeigt, wie sehr die beiden Persönlichkeiten ineinander verstrickt sind. Der Leser muss genau darauf achten, von welchem Partner die Rede ist, denn der ständige Wechsel der Pronomen ist zwar einerseits verwirrend, andererseits aber bewusst eingesetzt, um die Abläufe in der Beziehung darzulegen und aufzuzeigen, wie das lyrische Ich im Du aufgeht.

Das Gedicht ist ein Rückblick auf die Beziehung aus der Sicht der Frau, die sich so für ihren Partner aufopfert, dass sie schließlich nicht mehr weiß, wo ihre Persönlichkeit aufhört und seine beginnt. Doch das ist gleichzeitig das Ende der Beziehung, weil der Mann sie verbraucht hat. Eventuell könnten andere Frauen aus diesem Fehler lernen, doch oft haben Menschen, denen so etwas zustößt, eine Neigung, wieder ähnliche Beziehungen einzugehen.

☺ ☺ ☺

Die Verfasserin bietet eine hervorragende Deutung einer katastrophalen Beziehung. Man sieht: Textverständnis ist trotz geringerer Lebenserfahrung möglich durch Anwendung von Analysemethoden. Die Kombination von Sinn und Form ist gelungen: Die Stilmittel werden in ihrer Funktion überzeugend gedeutet.

Beispiel 2

A Titel, Autor und erster Deutungsversuch
B „Mit Haut und Haar“ als Liebesgedicht
  I. Form
  II. Inhalt und Aufbau
  III. Zusammenhang zwischen Form, Inhalt und sprachlicher Gestaltung
    1. Strophe I
    2. Strophe II
    3. Strophe III
    4. Strophe IV
  IV. Zusammenfassende Interpretation
C Eigene Wertung des Gedichts

Das Gedicht „Mit Haut und Haar“ von Ulla Hahn, geboren 1945, beschreibt den Verlauf einer Beziehung zweier Menschen aus deren Sicht, wobei diese Beziehung dann an der Vereinnahmung des einen zerbricht.

Von der äußeren Form her liegen vier Strophen mit jeweils dreimal vier und einmal zwei Versen vor. Bei der ersten und dritten Strophe tritt ein Kreuzreim auf, in der zweiten ein umarmender Reim und in der vierten ein Paarreim. Das Metrum ist hauptsächlich ein fünfhebiger Jambus mit abwechselnd männlichen und weiblichen Kadenzen, jedoch liegen in Vers fünf und sieben Abweichungen vor.

Der innere Aufbau besteht aus zwei Sinnabschnitten, die durch den Sprecher bestimmt werden. Die Strophen 1 und 4 bilden den ersten Sinnabschnitt: Sie beschreiben die Gedanken und Gefühle des Partners, der vereinnahmend und Besitz ergreifend handelt. Die Strophen 2 und 3 vermitteln die Ängste und Sorgen des anderen, unterdrückten und eingeschlossenen Partners. Diese beiden bilden also den zweiten Sinnabschnitt des Gedichts.

Die erste Strophe behandelt den Beginn dieser Beziehung aus der Sicht des seelisch stärkeren Partners. Er holt den anderen „aus der Senke (s)einer Jahre" (V. 1) und gibt ihm ein Stück seiner Jugend wieder: „tauchte dich in meinen Sommer ein" (V. 2). Dies deutet darauf hin, dass der eine, schon ältere Partner, gerade eine Art Midlifecrisis durchmacht, die durch die Metapher „Senke deiner Jahre" beschrieben wird. Der jüngere Partner baut ihn wieder auf, bekräftigt durch die Alliteration und Metapher „ich leckte dir die Hand und Haut und Haare" (V. 3).
Der fünfhebige Jambus lässt die Strophe sanft und klingend wirken. Er unterstreicht die liebevolle Art des Starken gegenüber dem Schwächeren: „und schwor dir ewig mein und dein zu sein" (V. 4). Die hier abwechselnden männlichen und weiblichen Kadenzen spiegeln in Vers 1 und 3 seine Entschlossenheit wider und in Vers 2 und 4 die Sanftheit, mit der er dem anderen helfen und ihn aufbauen möchte.

Die zweite Strophe erklärt die Gefühle des schwächeren Partners. Mit der Anapher „Du wendetest (…) Du branntest" (V. 5) werden das Handeln des Starken und seine Entschlossenheit bekräftigt. Das Oxymoron „sanfte(s) Feuer" (V. 6) zeigt wieder die Härte und gleichzeitige Sanftheit, mit der der Starke arbeitet und auf den Schwächeren einwirkt. Die Metapher „dünne(s) Fell" (V. 6) gibt Anzeichen für die Sensibilität des schwächeren Partners. Die Verknüpfung mit der Metapher in Vers 5: „branntest mir dein Zeichen (ein)" deutet auf das Besitzergreifen des einen hin.
Die Abweichungen des Metrums in Vers 5 und 7 deuten den Beginn des Verlusts der eigenen Persönlichkeit an. In Vers 7 schwingt eine Trauer über die Schnelligkeit mit, mit der der Partner sich selbst vergisst. Der Jambus lässt auch in dieser Strophe die Vorgänge als sanft und schleichend erkennen. Nirgendwo ist von Zwang die Rede. Das Enjambement „und meinem Schwur" (V. 9),

das eigentlich noch zu Strophe 2 gehört, hebt hervor, dass der Schwächere seinen Eid, sich selbst immer treu zu bleiben, aufgegeben hat. Er wird langsam vom anderen eingenommen.

Strophe 3 beschreibt die aufkommenden Ängste des Schwächeren. Er sehnt sich nach der Zeit zurück, als er noch nicht so vereinnahmt war. Dies wird durch die Metapher „schöner Überrest der nach mir rief" (V. 10) unterstrichen. Gleich darauf wird klar, dass es kein Zurück gibt (vgl. V. 11/12). Der Schwächere sieht keine Chance mehr, zu sich selbst zurückzufinden. Er schreibt hier dem Starken die Schuld am Verlust der eigenen Persönlichkeit zu: „Du verbargst mich tief" (V. 12).

Die letzte Strophe bezeichnet hier nun wieder die Gedanken des starken Partners. Er zeigt Enttäuschung und auch ein wenig Wut über das Handeln des anderen. Dieser hat sich völlig unerwartet von ihm getrennt und einen absoluten Schlussstrich gezogen. Darauf deutet die Metapher hin: „da spucktest du mich aus mit Haut und Haar" (V. 14). Sie beschreibt einen vollkommen abgeschlossenen Vorgang. Der Starke fühlt sich vor den Kopf geschlagen, da er sich in der Beziehung zu diesem Zeitpunkt sehr wohl gefühlt und seine Erfüllung gefunden hat: „Bis ich ganz in dir aufgegangen war" (V. 13). Das kleine Wort „da" (V. 14) drückt nochmals seine Überraschung und seinen Ärger aus. Dieser wird durch die männlichen Kadenzen weiter unterstrichen.

Zusammenfassend kann das Gedicht als Liebesgedicht in negativer Weise gesehen werden. Auch wenn das Wort „Liebe" selbst kein einziges Mal vorkommt, beschreibt das Gedicht doch eine emotionale Beziehung. Ferner beschreibt es den Vorgang des Verlusts der eigenen Persönlichkeit und der Abhängigkeit, die dadurch entstanden ist: „Da aber war ich schon in deinem Innern vor mir verborgen" (V. 11f.). Schließlich zeigt es auch die abrupte Trennung, die durch die Platzangst des einen Partners bedingt ist. Hier sieht man ganz klar, dass der eine Partner so von seinen eigenen Bedürfnissen eingenommen ist, dass es ihm unverständlich erscheint, dass sich der andere von ihm trennt.

Die Personalpronomen haben den Effekt der zweifachen Sprechsituation. Sie erwecken den Anschein eines Gesprächs zwischen den zwei Partnern, die sich nach der Trennung nochmals zu einer Diskussion über ihre Beziehung treffen.

Mir persönlich hat das Gedicht recht gut gefallen. Es ist in einem einfachen und verständlichen Stil geschrieben. Der Einsatz der Personalpronomen gefällt mir besonders gut, da hier nicht klar wird, ob Mann oder Frau der egoistische bzw. unterdrückte Partner ist. Auch die zweifache Sprechsituation macht für mich dieses Gedicht lesenswert. Es sagt alles, wovor gewarnt werden muss, aus den Sichtweisen der beiden Partner.

☹ ☹ ☹

Hier liegt leider eine völlige Fehlinterpretation vor, die mit furchtbarer Konsequenz durchgezogen wurde. Die Verfasserin beherrscht die Analysetechniken, wendet sie aber gewaltsam auf den Text an: Sie interpretiert etwas in den Text hinein – statt aus dem Text heraus. Die Gliederung bleibt völlig inhaltsleer: Es werden nur die Strophen aufgezählt – ohne Stichworte dazu.

Alle sprachlichen Signale, die gegen die eigene Interpretation sprechen, werden komplett ausgeblendet.

C. Brentano: Der Spinnerin Nachtlied – J. v. Eichendorff: Das zerbrochene Ringlein

2 **Vergleichen Sie die Gedichte „Der Spinnerin Nachtlied" von Clemens Brentano und „Das zerbrochene Ringlein" von Joseph von Eichendorff hinsichtlich Inhalt und Form, Sprache und Bildlichkeit sowie Deutung und epochenspezifischer Merkmale.**

Der Spinnerin Nachtlied

Es sang vor langen Jahren
Wohl auch die Nachtigall,
Das war wohl süßer Schall,
Da wir zusammen waren.

Ich sing' und kann nicht weinen,
Und spinne so allein
Den Faden klar und rein
So lang der Mond wird scheinen.

Als wir zusammen waren
Da sang die Nachtigall
Nun mahnet mich ihr Schall
Dass du von mir gefahren.

So oft der Mond mag scheinen,
Denk' ich wohl dein allein,
Mein Herz ist klar und rein,
Gott wolle uns vereinen.

Seit du von mir gefahren,
Singt stets die Nachtigall,
Ich denk' bei ihrem Schall,
Wie wir zusammen waren.

Gott wolle uns vereinen
Hier spinn' ich so allein,
Der Mond scheint klar und rein,
Ich sing' und möchte weinen.

Das zerbrochene Ringlein

In einem kühlen Grunde
Da geht ein Mühlenrad,
Mein' Liebste ist verschwunden,
Die dort gewohnet hat.

Sie hat mir Treu versprochen,
Gab mir ein'n Ring dabei,
Sie hat die Treu gebrochen,
Mein Ringlein sprang entzwei.

Ich möcht als Spielmann reisen
Weit in die Welt hinaus
Und singen meine Weisen
Und gehn von Haus zu Haus.

Ich möcht als Reiter fliegen
Wohl in die blutge Schlacht,
Um stille Feuer liegen
Im Feld bei dunkler Nacht.

Hör ich das Mühlrad gehen:
Ich weiß nicht, was ich will –
Ich möcht am liebsten sterben,
Da wär's auf einmal still!

Beispiel 1

A Themen in der Epoche „Romantik"
B Vergleich der Gedichte „Der Spinnerin Nachtlied" und „Das zerbrochene Ringlein"
  I. „Der Spinnerin Nachtlied"
    1. Inhalt und Form
    2. Sprache und Bildlichkeit
      a) Stilmittel
      b) Metaphorik und Symbolik
    3. Deutung und epochenspezifische Merkmale
      a) Motiv der Sehnsucht
      b) Thematisierung der Religion

II. „Das zerbrochene Ringlein"
  1. Inhalt und Form
  2. Sprache und Bildlichkeit
    a) Stilmittel
    b) Symbole und Motive
  3. Deutung und epochenspezifische Merkmale
    a) Sehnsuchtsmotiv
    b) Todesmotiv
III. Vergleichende Würdigung
  1. Thematik
  2. Situation des lyrischen Ich
  3. Einstellung zu Tod und Religion
C Gedichte als Indikatoren des Zeitgeistes

Viele Menschen denken beim Begriff „Romantik" an einen Sonnenuntergang am Strand oder ein Essen bei Kerzenschein. Ungleich vielschichtiger und komplexer offenbart sich jedoch die literarische Epoche, die mit diesem heute trivialisierten Begriff bezeichnet wird. Die in der Literatur der Zeit behandelten Themen reichen weit über die bekannten Bilder hinaus und wenden sich oftmals auch unangenehmen Aspekten der menschlichen Existenz zu. So verhält es sich auch in den beiden Gedichten „Der Spinnerin Nachtlied" von Clemens Brentano und „Das zerbrochene Ringlein" von Joseph von Eichendorff, welche im Folgenden miteinander verglichen werden.

In „Der Spinnerin Nachtlied" berichtet das lyrische Ich zunächst von einer positiven Vergangenheit. Begleitet vom Gesang der Nachtigall hat es seine glückliche Zeit mit einem geliebten Mann verbracht. In der zweiten Strophe wird jedoch seine gegenwärtige Situation deutlich: Die Spinnerin ist einsam und verlassen. In ihrer Melancholie singt sie ein nächtliches Lied und beschließt, die Nacht hindurch ihren Faden weiterzuspinnen. In der dritten Strophe wird die Spinnerin vom Gesang der Nachtigall unangenehm an den Verlust der Liebe erinnert. In Strophe vier findet sie Trost in der Religion; reinen Herzens will sie schließlich im Himmel mit dem Geliebten vereint sein. Strophe fünf bringt wieder eine wehmütige Erinnerung an die gemeinsame Zeit mit dem Geliebten. In der letzten Strophe wiederholt die Spinnerin ihre Sehnsucht nach einer Vereinigung mit ihrem Geliebten in Gott, denn die Einsamkeit lässt ihre Trauer nur noch stärker werden.

Ganz im Gegensatz zu dieser emotionalen Stimmung des lyrischen Ich steht die strenge äußere Form des Gedichts. Es besteht aus sechs Strophen zu je vier Versen, die jeweils durch einen umarmenden Reim verbunden sind. Als Metrum verwendet der Dichter einen dreihebigen Jambus. Die Kadenzen sind dem

Reim entsprechend verteilt, beginnend mit einer weiblichen Kadenz. Der Gesamtaufbau erinnert an ein Volkslied, die Verse weisen eine einheitliche Länge auf. Bereits beim ersten Durchlesen fallen die Strophen eins, drei und fünf durch ihre ähnliche Satzstruktur und den fast identischen Inhalt auf. Mit dieser refrainähnlichen Konstruktion wird dem Leser die endlose Litanei der Klage erst bewusst, denn das Lied der Spinnerin dauert eine ganze Nacht.

Diese Endlosigkeit zeigt sich ebenfalls in der Sprache. Wiederholungen und Parallelismen lassen das „Nachtlied" monoton und gedehnt wirken. Die Wahl des dunklen Vokals „o" in den Strophen zwei, vier und sechs sowie die Verwendung eingängiger Assonanzen (vgl. V. 7 und 8) verstärken den traurigen Grundton. Im Gegensatz zu den geraden Strophen stehen die ungeraden im Präteritum. Das lyrische Ich scheint in der Vergangenheit zu schwelgen; mit der Verwendung des Präsens „verblassen" die schönen Erinnerungen. Dieser unaufhaltsame und beständige Fluss der Zeit rinnt der Spinnerin bezeichnenderweise als „Faden klar und rein" (V. 7) durch die Finger. Dieses Symbol der verrinnenden Zeit trägt maßgeblich zum einförmigen Bild der Spinnerin bei, die nachts singend im Mondschein ihrer Arbeit nachgeht. Die Nacht katalysiert die Stimmungen, sie wird zum Symbol für Sehnsucht, Melancholie und Einsamkeit. Verstärkt wird dieser Eindruck durch die Wiederholung des Ausdrucks „spinne so allein" in den Versen 6 und 22. Auffällig sind die Wiederholung „klar und rein" (V. 7, 15, 23) sowie der Parallelismus von „So oft der Mond mag scheinen" (V. 13) und „So lang der Mond wird scheinen" (V. 8). Dies zeigt noch einmal die Monotonie des „Nachtlieds" auf.

Überhaupt weisen all diese Stilmittel auf die immer wiederkehrende Bewegung des Spinnrads hin. Die Wiederholung von „Gott wolle uns vereinen" in den Versen 16 und 21 legt nahe, dass dem lyrischen Ich als Ausweg nur die Religion und als Trost nur die Aussicht auf ein glücklicheres Leben im Jenseits bleibt. Man könnte sogar so weit gehen, in diesen Zeilen ein Todesmotiv zu erkennen. Als Ausdruck des romantischen Sehnsuchtsmotivs kann der Ruf der Nachtigall gedeutet werden. Er erinnert an den Geliebten und an eine bessere Zeit. War der süße Schall (vgl. V. 3) vormals eine angenehme Erfahrung, bedrückt er nun das lyrische Ich und verstärkt seinen melancholischen Zustand. Dieses Motiv der Sehnsucht war in der Romantik sehr beliebt und gehörte gleichsam zur „Grundausstattung" romantischer Dichter. Von der Welt enttäuscht versuchten sie Antworten auf die Fragen des Lebens im Übersinnlichen zu finden. So versucht auch die Spinnerin einen Trost durch die Religion zu erhalten.

„Das zerbrochene Ringlein" von Eichendorff behandelt eine ähnliche Thematik. In den ersten beiden Versen wird zunächst eine heile Welt mit einer Mühle in schöner Landschaft evoziert. Die folgenden Verse zerstören das angenehme Bild, denn das lyrische Ich erzählt von der Treulosigkeit seiner Geliebten, die es, ihr Versprechen brechend, verlassen hat. Nun versucht der Verlassene mit dieser Enttäuschung zu leben und hat dazu allerlei Träume. Um seine Sehnsucht nach der Geliebten zu lindern, würde er gern durch die Welt wandern und die unangenehme Vergangenheit hinter sich lassen. Sein nächster Gedanke in Strophe vier ist, als Soldat todesmutig in die Schlacht zu ziehen und seinen Schmerz zu vergessen. In der letzten Strophe führt ein Gedankensprung ihn wieder zurück in die Gegenwart. Als er das Geräusch des Mühlrades wieder wahrnimmt, verzweifelt er beinahe. Als endgültige Fluchtmöglichkeit zieht er sogar den Tod in Betracht.

Dieser inneren Zerrissenheit stellt sich, ähnlich wie bei Brentano, eine strenge äußere Form entgegen. Das Gedicht besteht aus fünf Strophen zu je vier Versen. Der dreihebige Jambus, gepaart mit einem Kreuzreim, lässt auch hier auf die Form des Volkslieds schließen. Die Kadenzen entsprechen dem regelmäßigen Reimschema, die weibliche beginnt. Allerdings fallen einige unreine Reime auf (vgl. V. 1 und 3 sowie V. 17 und 19). Um das Metrum zu bewahren, sind einige Elisionen wie „Mein' Liebste" (V. 3) und „ein'n Ring" (V. 6) nötig. Zahlreiche Anaphern (vgl. V. 9–13 und V. 18 f.) verstärken in ihrer Aneinanderreihung die Mehrschichtigkeit der Sehnsuchtswünsche des lyrischen Ich und erwecken den Eindruck beginnender Euphorie, die durch den Gedankensprung zur fünften Strophe schlagartig endet. Die antithetischen Parallelismen in den Versen fünf und sieben bzw. sechs und acht wirken als Anklage gegen die treulose Geliebte. Als Symbol für Liebe und Treue fungiert hier der Ring, der schließlich zerbricht, als das lyrische Ich von seiner Geliebten verlassen wird.

Im Vergleich zu Brentanos Gedicht ist die Motivik hier vielschichtiger. Nicht nur die Sehnsucht nach der Geliebten wird thematisiert, sondern andere Sehnsüchte werden als Kompensationsmöglichkeit in Erwägung gezogen. Das Motiv des Wanderns wird in Strophe drei aufgegriffen. In Anlehnung an das Mittelalter will das lyrische Ich als Spielmann „Weit in die Welt hinaus" (V. 10), um vor der Realität zu flüchten. Diese Flucht aus der Realität steigert sich in der nächsten Strophe zur Sehnsucht nach Abenteuer und Heldentum eines mittelalterlichen Ritters. Die Sehnsucht nach dem Tod wird in der fünften Strophe schließlich besonders deutlich: Das lyrische Ich möchte „am liebsten sterben" (V. 19), um dieser Welt zu entfliehen.

Als einer der Hauptvertreter der Romantik greift Eichendorff die schon angesprochene Thematik der Sehnsucht in seinem Gedicht gleich mehrfach auf. In einer Zeit des technischen Fortschritts verspürten die Romantiker den Wunsch nach einer besseren Welt. Hier erschien oftmals das Mittelalter als verklärtes Bild einer idealen Existenzform. Wie schon erwähnt sieht sich das lyrische Ich hier als Spielmann und Ritter. Herausgerissen aus seinen

Träumen weiß es nicht, was es will (vgl. V. 18) und flüchtet sich in die letzte Möglichkeit, die Todessehnsucht.

Beide Gedichte behandeln eine ähnliche Thematik. Die Sprecher werden von ihren Partnern verlassen und sind nun auf sich allein gestellt. Für diese Situation sehen sie jedoch unterschiedliche Lösungswege. Während die Spinnerin in tiefer Melancholie über vergangene Zeiten des Glücks sinniert, versucht der Verlassene bei Eichendorff die Flucht nach vorn anzutreten. Hierzu zählt er einige unerfüllte Sehnsüchte und Träume auf. Schließlich scheint die Sehnsucht nach dem Tod zu überwiegen. Atmosphärisch befindet sich die Spinnerin in einer vom Mond erhellten Nacht. Fast wie eine Märchenfigur sitzt sie am Spinnrad und lässt ihrer Trauer freien Lauf, sie singt sogar dabei. Über die Situation des lyrischen Ich bei Eichendorff ist weniger bekannt. Anscheinend befindet es sich am ehemaligen Wohnort seiner Geliebten und versucht, sein Leben zu ordnen. Insgesamt unterscheiden sich die jeweiligen Lösungen: Während die Spinnerin auf Gott vertraut und in ihm eine Möglichkeit sieht, ihren Geliebten wiederzufinden, ist für Eichendorffs lyrisches Ich der Tod die Lösung, seinem jetzigen Liebeswahn zu entkommen.

Aus diesen Unterschieden lässt sich auf die Lebenseinstellung der Dichter schließen. Das Gedankengut der Romantik beinhaltet auch die Wiederaufwertung der Religion. Dies scheint aber nur bei Clemens Brentano der Fall zu sein, denn Eichendorff sieht, zumindest in diesem Gedicht, im Tod nur die Stille – ein resignativer Zukunftsausblick, der aber nicht verwundert. Die Epoche der Romantik brachte eine Umstellung von der feudalen zur modernen Gesellschaft, europaweite Kriege und stark veränderte Lebensumstände mit sich. Diese existenzielle Unsicherheit wurde unterschiedlich gehandhabt, wie sich in diesen beiden Gedichten erkennen lässt.

Das ist eine beeindruckende und exemplarische Interpretation. Um das Ganze zu krönen, hätte man ergänzend eingehen können auf die Bedeutung des Spinnrades als Symbol des Schicksals sowie auf das unterschiedliche Geschlecht des lyrischen Ich in den beiden Gedichten.

Die vergleichende Würdigung ist hier rein inhaltlich, da die Gedichte, aus der gleichen Epoche stammend, formal recht ähnlich sind.

Beispiel 2

A Die Epoche der Romantik
B Vergleich der Gedichte „Der Spinnerin Nachtlied“ und „Das zerbrochene Ringlein“
- I. Inhalt und Form
  1. „Der Spinnerin Nachtlied“
  2. „Das zerbrochene Ringlein“
- II. Sprachliche Gestaltung und Bildlichkeit
  1. „Der Spinnerin Nachtlied“
  2. „Das zerbrochene Ringlein“
- III. Deutung und epochentypische Motivgestaltung
  1. „Der Spinnerin Nachtlied“
  2. „Das zerbrochene Ringlein“

C Wirkung der Romantik auf unsere Gegenwart

Die Vertreter der Epoche der Romantik wurden schon zu Lebzeiten geliebt und kritisiert. Goethe hielt die romantische Dichtung für etwas Unnatürliches, etwas, das die Wirklichkeit verfälscht. Er betrachtete alles bei Licht, weil er das Rationale in der Welt sehen wollte. Die Romantiker hingegen sehnten sich nach dem Irrationalen und der Nacht. Sie wollten die Grenzen der Wirklichkeit durchbrechen und ihre Gefühlswelt erkunden. Zwei Beispiele für romantische Poesie sind die Gedichte „Der Spinnerin Nachtlied“ von Clemens Brentano und „Das zerbrochene Ringlein“ von Joseph von Eichendorff, die hier miteinander verglichen werden sollen.

In „Der Spinnerin Nachtlied“ erzählt das lyrische Ich davon, verlassen worden zu sein. Nun sitzt es nachts am Spinnrad und trauert um den verlorenen Geliebten, da der Ruf der Nachtigall es daran erinnert, dass es einmal nicht allein gewesen ist. Die Spinnerin bittet Gott darum, wieder mit dem Geliebten vereint zu werden, doch am Ende resigniert sie und möchte nur noch weinen.

Das Gedicht ist in sechs Strophen mit jeweils vier Versen unterteilt. Alle Strophen haben als Reimschema den umarmenden Reim. Auch die Kadenzen sind durch dieses Schema festgelegt. Das Metrum ist ein dreihebiger Jambus. Diese klar durchstrukturierte Form und die Einfachheit des Aufbaus weisen auf eine Liedform hin, wie es auch schon die Überschrift verspricht.

„Das zerbrochene Ringlein“ von Eichendorff handelt ebenfalls von einem verlassenen lyrischen Ich, welches jedoch männlich ist. Auch der Mann trauert darüber, verlassen worden zu sein. Als Auslöser für die Erinnerung an die Liebe dient hier statt einer Nachtigall ein Mühlrad, welches das lyrische Ich hört.

Es wird in diesem Gedicht nicht darum gebeten, die Beziehung wieder aufleben zu lassen, der Verlassene sehnt sich vielmehr danach, entweder als Spielmann oder als Soldat wegzugehen.

In beiden Gedichten gleich ist die Resignation am Schluss. Bei Eichendorff denkt das lyrische Ich sogar daran zu sterben. Dieses Gedicht ist in fünf Strophen zu vier Versen unterteilt. Hier liegt ein Kreuzreim vor; die Kadenzen sind ebenfalls dem Reimschema angepasst. Im ersten und dritten Vers jeder Strophe sind sie weiblich. Das Metrum ist das gleiche wie in Brentanos Gedicht: ein dreihebiger Jambus.

Nun soll auf die sprachliche Gestaltung der beiden Gedichte eingegangen werden. Auffällig in „Der Spinnerin Nachtlied" sind die zahlreichen Wiederholungen, so zum Beispiel die Nachtigall, deren Schall die Spinnerin immer an die beendete Beziehung erinnert. In dem Ausdruck „süßer Schall" (V. 3) liegt zusätzlich noch Synästhesie vor. Die erste Strophe ist eine Reflexion auf die beendete Beziehung, da sie im Präteritum verfasst ist. In der dritten Strophe ist der Schall mahnend (vgl. V. 11), da er nun, da das lyrische Ich verlassen worden ist, etwas Negatives bedeutet. In der fünften Strophe schließlich singt die Nachtigall stetig (vgl. V. 18) und die Spinnerin kann nicht mehr aufhören, an den Geliebten zu denken. Durch die zweite, vierte und sechste Strophe zieht sich eine andere Wiederholung, nämlich „klar und rein". Das lyrische Ich spinnt „den Faden klar und rein" (V. 7), sein „Herz ist klar und rein" (V. 15) und der „Mond scheint klar und rein" (V. 23). Diese Wiederholungen kennzeichnen die Liebe der Spinnerin als etwas Überhöhtes. Jedoch unterscheiden sich die geraden und ungeraden Strophen nicht nur durch diese verschiedenen Wiederholungen, sondern auch in ihrer Bedeutung. In den ungeraden Strophen, in welchen das Nachtigall-Motiv dominiert, wird auf die Beziehung zurückgeblickt. In den geraden Strophen, die das Motiv der Reinheit beinhalten, wird ein Blick auf die gegenwärtige Verfassung der Spinnerin geworfen. Interessant ist dabei die kunstvolle Verschränkung und Variation der immer gleichen Verszeilen.

Im „zerbrochenen Ringlein" sind ebenfalls Bilder für die zerbrochene Beziehung zu finden. Jedoch sind sie in diesem Gedicht zeitlich nicht so klar getrennt wie bei Brentano. Das Rattern des Mühlenrads lässt sich vielleicht mit dem Nachtigall-Motiv im „Nachtlied" vergleichen, denn das Geräusch des Mühlrades erinnert das lyrische Ich an den Verlust der Geliebten. Auffällig ist hier das Symbol für die nicht eingehaltene Treue: das zerbrochene Ringlein. Dies wird durch die Antithetik „Sie hat mir Treu versprochen (…) Sie hat die Treu gebrochen" (V. 5 und 7) verstärkt. Das gleiche Merkmal beinhalten die Verse sechs und acht.

In „Der Spinnerin Nachtlied" ist das lyrische Ich resigniert. Es hängt noch sehr an seinem Partner und sieht keine Perspektive neben einer Wiederaufnahme der Beziehung, um die die Spinnerin sogar Gott anruft. Doch das scheint für das lyrische Ich nicht realistisch zu sein, da die Spinnerin am Ende nur noch weinen will. Also spinnt sie von Nacht zu Nacht bei klarem Mondschein und gedenkt der alten Zeiten, in denen sie gefangen ist.

Man kann dieses Gedicht durch die verwendeten Motive klar der Epoche der Romantik zuordnen. Romantiker verwendeten häufig ein Volkslied als Vorlage. Am einfachen Aufbau und der Überschrift von Brentanos Gedicht kann man dies gut erkennen. Die Nachtigall ist ebenfalls ein Zeichen dafür, dass das Gedicht aus der Romantik stammt, da sie das Naturmotiv repräsentiert. Am auffälligsten ist jedoch das Nachtmotiv, welches durch den häufig genannten Mond verdeutlicht wird. Die Nacht an sich war eines der beliebtesten Themen in der Zeit der Romantik.

Im Gedicht „Das zerbrochene Ringlein" wirkt das lyrische Ich im Gegensatz zur Frau bei Brentano zuerst nicht so verloren in sich selbst, da es Pläne für die Zukunft schmiedet. So möchte es als Spielmann herumreisen oder als Soldat von Schlacht zu Schlacht reiten, um seinen Seelenfrieden zu finden. Doch dann wird das lyrische Ich durch das Mühlrad aus seinen Träumen gerissen und weiß keinen Ausweg mehr: „Ich weiß nicht, was ich will" (V. 18). Nun gibt es völlig auf und wünscht sich zu sterben, weil es die Erinnerungen, die durch das Mühlrad ausgelöst werden, nicht mehr ertragen kann.

Der Todeswunsch bei Eichendorff ist wesentlich radikaler als nur der Wunsch zu weinen bei Brentano. Auch in diesem Gedicht kommt das Nachtmotiv vor, jedoch nur ganz kurz in der Traumsequenz vom Lagerfeuer (vgl. V. 15 f.). Dies impliziert auch das Naturmotiv, also die Vorstellung, bei Nacht unter freiem Himmel an einem Feuer zu liegen. Viel auffälliger ist bei Eichendorff jedoch das Traummotiv, welches in der dritten und vierten Strophe ausgestaltet wird. Was beide Gedichte miteinander verbindet, ist die Sehnsucht nach dem geliebten Menschen, der das lyrische Ich verlassen hat.

Auch wenn nach der Romantik zunächst der Realismus als literarischer Gegenentwurf folgte, wirkte die Romantik noch lange auf die Schriftsteller ein. In Werken von Hesse und anderen Schriftstellern, die man als neoromantisch bezeichnet, lassen sich typische Kennzeichen dieser Epoche finden. In der Musik prägten die Romantiker ebenfalls die nachfolgende Zeit.

☺ 😐 ☹

Die Gliederung ist rein formalistisch an der Themenstellung orientiert. Eine Besonderheit stellt dar, dass sie verschränkt ist: Die Gedichte werden in jedem einzelnen Aspekt gemeinsam untersucht.

Die Arbeit beinhaltet viele sehr gute Gedanken, die mitunter jedoch äußerst verkürzt dargestellt werden – und daher nicht so beeindrucken wie die in Beispiel 1. So hätten sich der Vergleich mit Hermann Hesse und der Hinweis auf die romantische Musik zu einem sehr guten Schluss stärker ausbauen lassen.

Insgesamt ist ein Hang zur Ungenauigkeit festzustellen: Bei der Untersuchung des Eichendorff-Gedichts fehlt beispielsweise die Sprachanalyse.

G. Benn: Ein Wort

3 **Gedichtinterpretation plus Erörterungsauftrag:**
Interpretieren Sie das folgende Gedicht „Ein Wort" von Gottfried Benn unter Berücksichtigung folgender Aspekte:
1. Stellen Sie Inhalt und Aufbau des Textes dar.
2. Untersuchen Sie die Funktion auffälliger Stilmittel.
3. Ordnen Sie das Gedicht in eine Epoche ein.

Gottfried Benn umreißt in seinem 1951 gehaltenen Vortrag „Probleme der Lyrik" seine dichterische Grundposition. Die folgenden Zitate aus dieser Rede zeigen, dass der Autor selbst den Entstehungsprozess eines Gedichtes ambivalent sieht:

„Ein Gedicht entsteht überhaupt sehr selten – ein Gedicht wird gemacht (...) Das neue Gedicht, die Lyrik ist ein Kunstprodukt. (...) und nun kommt das Rätselhafte: das Gedicht ist schon fertig, ehe es begonnen hat, er [= der Autor] weiß nur seinen Text noch nicht (...)."

Erläutern Sie beide Aussagen anhand des Gedichts „Ein Wort".

Ein Wort

Ein Wort, ein Satz –: aus Chiffren steigen
erkanntes Leben, jäher Sinn,
die Sonne steht, die Sphären schweigen
und alles ballt sich zu ihm hin.

Ein Wort – ein Glanz, ein Flug, ein Feuer,
ein Flammenwurf, ein Sternenstrich –
und wieder Dunkel, ungeheuer,
im leeren Raum um Welt und Ich.

Beispiel 1

A Kommunikation und Sprache als wesentliche Faktoren menschlichen Zusammenlebens
B Analyse des Gedichts „Ein Wort" von Gottfried Benn mit Diskussion über Benns Auffassung vom Dichtungsprozess
  I. Inhalt
    1. Bedeutung des Wortes in der ersten Strophe
    2. Entwicklung des Wortes in der zweiten Strophe
  II. Aufbau
    1. Formaler Aufbau
    2. Häufung von Nomen
  III. Stilmittel und sprachliche Auffälligkeiten
  IV. Einordnung in die Epoche des Expressionismus
    1. Ausdruckskunst
    2. Betonung des Wesentlichen
    3. Aussagekraft des Wortes
    4. Motiv des Unheils im Expressionismus
  V. Erläuterung zweier Aussagen Benns zum Dichtungsprozess
    1. Gedichte als Kunstprodukt
    2. Gedichte als Eingebung
C Eigener Eindruck

Kommunikation und Sprache bestimmen und beeinflussen das menschliche Zusammenleben so sehr wie kaum ein anderer Faktor. In beinahe jeder Situation ist das Gespräch Grundlage der Verständigung. Das Gesagte spiegelt unsere Ansichten, Hoffnungen, Ängste und Gefühle wider. Welche Bedeutung hierbei einem einzelnen Wort zukommt, welche enorme Aussage ein einzelner Satz haben kann, ist uns oftmals nicht bewusst. Gottfried Benn hat sich dieser Thematik gewidmet und legt in seinem Gedicht „Ein Wort" die omnipräsente Bedeutung des dichterischen Wortes dar.

Bereits in der ersten Strophe wird deutlich, wie wichtig das Wort ist, denn alles läuft darauf hinaus – sogar der Himmel verstummt. Dabei werden existenzielle Begriffe angesprochen und zum Wort in Beziehung gesetzt. In der zweiten Strophe zeigt Benn eine Entwicklung auf. Handelt es sich in den ersten beiden Zeilen noch darum, was ein Wort alles sein kann, so erfährt man in den letzten beiden Zeilen, wie die Welt nach dem Aufscheinen des Wortes wieder dunkel wird.

„Ein Wort" besteht aus zwei Strophen zu je vier Versen. Man erkennt eindeutig das Reimschema des Kreuzreims. Vierhebige Jamben bestimmen das Metrum, wobei die Endsilbe der Zeilen abwechselnd weiblich und männlich ist. In den Zeilen eins, drei, fünf und sieben findet man unbetonte Endsilben wie etwa „steigen" (V. 1) und „Feuer" (V. 5). Betonte Endsilben gibt es in den Zeilen zwei, vier, sechs und acht, zum Beispiel „Sinn" (V. 2) oder „Ich" (V. 8).

Schon an den beiden zuletzt genannten Beispielen lässt sich beobachten, dass das Gedicht viele Nomen beinhaltet. Bei genauerem Hinsehen findet man 18 Nomen in acht Zeilen; man kann also von einer Nomenhäufung sprechen. Besonders auffällig ist dabei, dass die zweite Strophe ganz ohne Verben auskommt.

„Ein Wort" ist nicht nur der Titel des Gedichts, auch die Verse eins und fünf beginnen mit diesem Begriff, was eine Anapher darstellt. Wird in der ersten Zeile „Ein Wort" noch von einem „Satz" ergänzt, um dann personifiziert „aus Chiffren" zu „steigen", was darauf schließen lässt, dass dem Wort bzw. Satz eine höhere Bedeutung zukommen soll, zeigt sich in Zeile vier schon sehr deutlich, dass es das Zentrum darstellt, denn „alles ballt sich zu ihm hin" (V. 4). Die Formulierung „hinballen" ist außergewöhnlich, stellt sie doch einen Neologismus dar, der zeigt, wie eng sich alles an das Wort bindet. Die Zeilen zwei und drei bilden jeweils in sich Parallelismen. Durch das Wort erkennt man den Sinn des Lebens; die Sonne und das Weltall bilden den Raum für den Vorgang des Zusammenballens von Wort und Sinn.

Auch die zweite Strophe beginnt, wie oben erwähnt, mit dem „Wort". Doch nach einem Gedankenstrich, der ein „ist" ersetzt, nennt der Dichter mit jedem neuen Begriff eine neue Metapher für das Wort. So ist dieses „ein Glanz, ein Flug, ein Feuer" (V. 5) und man erkennt bereits hier eine Steigerung, die sich in Vers sechs zum „Flammenwurf" erhöht und im Neologismus „ein Sternenstrich" gipfelt. Als wären diese Metaphern nur ein kleiner Einblick gewesen, beendet ein erneuter Gedankenstrich am Ende von Vers sechs diese Überlegungen und man befindet sich wieder im Dunkeln, es ist „ungeheuer" (V. 7). Dieser Eindruck findet seine Ergänzung eine Zeile später, wo der Leser erfährt, wo es dunkel und ungeheuer ist, nämlich „im leeren Raum um Welt und Ich" (V. 8). Der Raum ist leer von Worten, weil die Sphären schweigen.

Gottfried Benns Werk ist dem Expressionismus zuzuordnen. Die Künstler dieser Epoche verstanden sich selbst als Antwort auf Strömungen wie Naturalismus, Materialismus und Impressionismus. Ganz im Gegensatz zum Künstler des Impressionismus, der versuchte, eigene Eindrücke darzustellen, geht es im Expressionismus um den Ausdruck. Dabei sollte vielfach das Individuelle zurücktreten und das Wesentliche, das Gemeinsame betont werden.

Eine wichtige Forderung der Expressionisten, die Sprache solle „selbstredend“ sein, wird in „Ein Wort“ erfüllt. Besonders in den Versen fünf und sechs, wo die Häufung der Nomen auftritt, spricht die Sprache für sich selbst. Ein weiterer Beleg für die Einordnung des Gedichts als expressionistisch ist die Tatsache, dass gerade in jener Kunstrichtung das Bedrohliche eine wesentliche Rolle spielt, was auch in Gottfried Benns Gedicht zur Sprache kommt: „und wieder Dunkel, ungeheuer, im leeren Raum um Welt und Ich“ (V. 7 f.). Nur das Wort kann, der expressionistischen Theorie entsprechend, das Ungeheure, das Welt und Leben darstellen, erklären.

Benn selbst sagt, ein Gedicht entstehe sehr selten, es werde „gemacht“. Hier meint er sicherlich den Aufbau eines Gedichts, der in den meisten Fällen konstruiert ist. In „Ein Wort“ spricht die Regelmäßigkeit von Reim, Metrum, Kadenzen und Strophenbau dafür, dass es nicht einfach entstand, sondern gemacht wurde und somit ein eigenständiges „Kunstprodukt“ ist.

Wenn Benn nun auch meint, das Rätselhafte sei, dass das Gedicht schon fertig sei, ehe der Verfasser es begonnen habe – der Autor wisse nur den Text noch nicht –, so macht er diese Aussage wohl, um die inneren Vorgänge des Dichters zu beschreiben. Dieser ist sich wahrscheinlich bereits sicher, dass er in seinem Werk die bedeutende Grundlage eines Wortes beschreiben werde und darauf eingehen möchte, was ein Wort sein kann und welche Leere den Raum erfüllt, wenn dieses Wort nicht mehr vorhanden ist. Doch auch wenn der Autor bereits detaillierte Vorstellungen vom Inhalt des Gedichts hat, weiß er eventuell noch nicht, welche Form er ihm geben wird. Die Inspiration des Dichters ist die notwendige Voraussetzung seines Schaffens, alles Nachfolgende ist Handwerk.

Meiner Meinung nach versucht Gottfried Benn, fasziniert vom Wort, in diesem Gedicht zu zeigen, dass wir uns der enormen Bedeutung des Wortes nicht bewusst sind. Der Mensch macht sich zu wenig Gedanken über die Grundlagen der menschlichen Gesellschaft und Kultur und geht zu unreflektiert mit dem Instrument um, das ihn von anderen Lebewesen unterscheidet.

Die Verfasserin geht sehr systematisch vor: Es gelingt ihr eine genaue Stilmittelanalyse mit Funktion und erster Deutung. Genaue Epochenkenntnisse werden differenziert angewendet.

So entsteht eine umfassende Gesamtwürdigung des Gedichts, die den Text auch einem uninformierten Leser entschlüsselt. Es besteht eine Neigung zu Schachtelsätzen, die die Schülerin aber beherrscht.

Beispiel 2

A Allgemeines zum Expressionismus
B Analyse des Gedichts „Ein Wort" von Gottfried Benn mit Diskussion über Benns Auffassung vom Dichtungsprozess
  I. Inhalt und Deutung mit Epocheneinordnung
  II. Äußerer Aufbau
    1. Formale Beobachtungen
    2. Bedeutung für die Aussage des Gedichts
  III. Verwendung von Stilmitteln
  IV. Erläuterung der Zitate aus der Rede Benns
    1. Entstehungsart von Gedichten
    2. Innere Vorgaben des Autors
C Expressionismus als Ausdruckskunst

Der deutsche Lyriker Gottfried Benn ist einer der bedeutendsten Autoren des Expressionismus. Diese Epoche, die etwa 1910 ihren Anfang nahm und bis Mitte der Zwanziger Jahre dauerte, war geprägt vom Protest einer neuen Künstlergeneration gegen die gängigen Moralvorstellungen und die wilhelminischen Denkstrukturen der Zeit. Andere Vertreter dieser Epoche sind beispielsweise Georg Trakl, Franz Werfel, Oskar Kokoschka und Wassily Kandinsky. Sie fühlten sich auch durch die Lehren Nietzsches verpflichtet, die alten Strukturen aufzureißen und beim Bau einer neuen Welt mitzuwirken.

Im Gedicht „Ein Wort" beschreibt Gottfried Benn, wie es solch neuen Gedanken meist erging. „Ein Wort, ein Satz" (V. 1) werden von Benn einfach in den Raum gestellt. Ihre wohl gesellschaftskritischen Inhalte, die Benn von Autoren des Expressionismus übernimmt, geben plötzlich „Chiffren" (V. 1) des Lebens, welche die Unverständlichkeiten damals geläufiger Denkweisen für die Expressionisten symbolisieren sollen, neuen Sinn und werden allgemein verständlich. Damit will Benn die Sinnlosigkeit des bisherigen Denkens und die Notwendigkeit des Entwurfs neuer, sinnvollerer Gedanken aufzeigen. Diese neuen Gedanken bezogen sich im Expressionismus auf grundlegende Erscheinungen wie Gesellschaftsstrukturen und politische Anschauungen. Benn ist völlig überzeugt von der Richtigkeit dieser neuen Gedanken, denn sogar „die Sonne steht, die Sphären schweigen" (V. 3), wenn diese neuen Worte und Sätze in das bisherige Gesellschaftsgefüge einzudringen versuchen. Zunächst sind diese Bemühungen auch erfolgreich, denn „alles ballt sich zu (ihnen) hin" (V. 4).

Im Folgenden bezeichnet der Autor diese Worte als „Glanz" (V. 5) und „Sternenstrich" (V. 6) – Glanz, der wohl die Dunkelheit des allgemeinen Denkens erhellen soll. Doch am Ende zeigt Benn die Inakzeptanz dieser neuen Gedanken durch die Allgemeinheit auf. Auf das „Feuer" (V. 5), das die Menschen vielleicht hätte erhellen können, folgt „wieder Dunkel" (V. 7), „leere(r) Raum" (V. 8). Dieser leere Raum soll die im Expressionismus von den Künstlern kritisierte gedankliche Dumpfheit und Kritiklosigkeit gegenüber der Obrigkeit versinnbildlichen, gegen welche das „Wort" vergeblich anzulaufen versucht. All diese Parallelen in Bezug auf expressionistische Denkweisen machen dieses Gedicht zu einem typischen Werk dieser Kunstrichtung.

Nach dem äußeren Aufbau erscheint das Gedicht zunächst nicht als typisches Werk des Expressionismus, denn es besteht durchgehend aus regelmäßigen vierhebigen Jamben. Die beiden Strophen sind aus je zwei reinen Kreuzreimen aufgebaut. Auch die Kadenzen sind durchgehend abwechselnd weiblich und männlich gestaltet. All diese Regeleinhaltung deutet darauf hin, dass Benn dieses Gedicht nicht „aus dem Bauch heraus" geschrieben hat, sondern sein Werk bewusst durchkonstruiert hat. Es ist gut möglich, dass Benn, wie auch andere Autoren des Expressionismus, beispielsweise durch die Verwendung der barocken Form des Sonetts eine Dissonanz zum gar nicht gewöhnlichen, neuartigen Inhalt schaffen wollte. Dieses Gedicht wird nicht durch seine äußere Gestalt zu einem Werk des Expressionismus, sondern durch den verstörenden Missklang von Form und Inhalt. Die männliche Kadenz, die das Gedicht abschließt, verdeutlicht den absoluten Schlusspunkt des Umherirrens dieses Wortes, das vergeht, ohne das Dunkel erhellt haben zu können.

Das Aufblitzen und Herumirren des Wortes wird von Benn auch mithilfe von Stilmitteln beschrieben. Die Knappheit und Absolutheit des Parallelismus „Ein Wort, ein Satz" in Vers eins verdeutlicht das rasante und aufrüttelnde Eindringen dieses neuen Wortes in das bestehende Ordnungsgefüge. Verstärkt wird dieser Eindruck in den Versen fünf und sechs, als ein weiterer Parallelismus aus sechs Nomen folgt, dessen Bestandteile fast wie Kanonenkugeln abgefeuert werden: „Ein Wort – ein Glanz, ein Flug, ein Feuer". Der scharfe Gleichklang im Wort „Sternenstrich" (V. 6) unterstreicht dieses Bild noch. Auch in Zeile drei verwendet der Autor dieses Stilmittel, hier jedoch gewinnt es völlig andere Bedeutung. Es bringt den absoluten Stillstand zum Ausdruck, das atemlose Staunen des Weltalls über den neuen Sinn des ins Sein geworfenen Wortes. Im ersten Moment genießt dieses Wort noch große Akzeptanz, was durch die Lautmalerei „alles ballt sich zu ihm hin" (V. 4) zum Ausdruck kommt. Doch die Begriffe „ungeheuer" und „leere(r) Raum" (V. 7 f.) verdeutlichen dann die nicht einnehmbare, unendliche Weite, im Expressionismus wohl die schier unlösbar verkrusteten Denkstrukturen der Allgemeinheit, in denen das neue Wort ungehört verhallen muss. Die Rasanz und Blitzartigkeit des Aufleuchtens und Verlöschens neuer Ideen bringt der Autor durch die Verwendung elliptischen Satzbaus zum Ausdruck. Sie wirken gehetzt, in Eile hervorgestoßen, wobei sie jedoch kein Chaos, sondern die Handlung in verknappter Form beschreiben.

All diese Beobachtungen führen zu dem Schluss, dass Benn dieses Gedicht nicht aus einer Laune heraus schnell geschrieben hat, sondern dass er sich vorher genau überlegt hat, wie es aussehen soll. Dies deckt sich mit seiner These, dass ein Gedicht sehr selten einfach entstehe, sondern „gemacht" werde. Seiner Meinung nach muss der Autor sich zunächst überlegen, welche Form er seinem Gedicht geben will und mit welchen Stilmitteln er Inhalte, die ihm besonders am Herzen liegen, herausheben will. Um diese Überlegungen anstellen zu können, braucht der Autor jedoch zunächst einen Inhalt, den er in Worte fassen will.

Und hier kommt Benns zweite These ins Spiel: Er sagt: „Das Gedicht ist schon fertig, ehe es begonnen hat". Die inhaltlichen Vorgaben sind gemacht, sie werden vom Dichter erfühlt, der Autor muss sich nur noch überlegen, in welcher Form er eben diese ausdrückt. In „Ein Wort" kommt mit der Verwendung der geistigen Strömung des Expressionismus ein weiterer Aspekt zum Tragen. Benn kann diesen Sachverhalt gar nicht anders beschreiben, es ist seine Einstellung, die ihn beim Schreiben immer beeinflusst, lenkt und ihm seine Inhalte vorgibt. So ist Benn, hat er sich einmal entschlossen, über diese neuen Gedanken zu schreiben, „fertig, ehe (er) begonnen hat", da er seine Sicht der Dinge aufs Papier bringen wird, „er (…) weiß nur seinen (genauen) Text noch nicht".

Die These Benns, ein Gedicht sei schon fertig, ehe man es begonnen habe, man müsse sich nur noch einen Text ausdenken, deckt sich mit dem Grundanliegen des Expressionismus, den man auch mit „Epoche der Ausdruckskunst" übersetzen kann. Im Expressionismus versucht der Künstler, seine vielschichtigen Empfindungen auszudrücken. Damals kämpften viele politisch engagierte Künstler für eine Veränderung der gesellschaftlichen Zustände, was sie mit ihren verfremdeten, manchmal Ekel erregenden Darstellungen der Wirklichkeit zum Ausdruck bringen wollten. Die tatsächlichen Umbrüche in Politik und Gesellschaft, die sich bis in unsere Zeit erstrecken, haben die meisten dieser Künstler nicht mehr erlebt.

☹ ☹ ☹

Die Arbeit wird zwar recht gelehrt eingeleitet, bietet aber keine Hinführung zum Thema.

Die Deutung ist keine eigentliche Fehldeutung, sondern das Aufzwingen von Epochenwissen auf das Gedicht, ohne dieses wirklich inhaltlich durchdrungen zu haben. Der Grund dafür besteht darin, dass keine saubere Inhaltswiedergabe erstellt wird, sondern von Anfang an eine Vermischung des Inhalts mit Deutung und Epochenkenntnissen stattfindet.

Die nachfolgende Auseinandersetzung mit den Benn-Zitaten bestätigt den falschen Weg: Sinnvoll wäre eine Beschäftigung mit den vorliegenden Texten, nicht nur das Anbringen von Faktenwissen.

Der Schluss zeigt einen erneuten Bezug zur Epoche, bietet aber nur scheinbar einen Bezug zu Benn und zum vorliegenden Gedicht.

Quellenangaben

Seite 41 f.: Joachim Kaiser, Was wird aus dem Wort?, aus: *Süddeutsche Zeitung*, 5. Oktober 1991 (leicht verändert).

Seite 50 – 54: Christian Nürnberger, Ein Bild von einem Kind, aus: *Süddeutsche Zeitung*, 16. Februar 2007.

Seite 60: Kurt May, Büchners „Woyzeck", aus: Wolfgang Martens (Hrsg.), *Georg Büchner*, Darmstadt: Wissenschaftliche Buchgesellschaft, 1965.

Seite 61: Hans Mayer, Woyzeck, aus: Wolfgang Martens (Hrsg.), *Georg Büchner*, Darmstadt: Wissenschaftliche Buchgesellschaft, 1965.

Seite 61: Karl Viëtor, Woyzeck, aus: Wolfgang Martens (Hrsg.), *Georg Büchner*, Darmstadt: Wissenschaftliche Buchgesellschaft, 1965.

Seite 61: Georg Lukács, Der faschistisch verfälschte und der wirkliche Georg Büchner, aus: Wolfgang Martens (Hrsg.), *Georg Büchner*, Darmstadt: Wissenschaftliche Buchgesellschaft, 1965.

Seite 68 ff.: Sherry Turkle, Wir müssen reden, aus: *Die Zeit*, 3. Mai 2012.

Seite 76 f.: Auszug aus dem Vorwort von Rüdiger Safranski, *Romantik. Eine deutsche Affäre*, München: Carl Hanser Verlag, 2007.

Seite 87 f.: Gotthold Ephraim Lessing, Über die Wahrheit, zitiert nach: *Was ist Aufklärung? Thesen und Definitionen*, herausgegeben von Ehrhard Bahr, Stuttgart: Reclam Verlag, 1974.

Seite 92 f.: Sabine Rückert, Der Mensch und das Korrekturprogramm, aus: *Die Zeit*, 26. November 1993.

Seite 100 f.: Bertolt Brecht, Wenn die Haifische Menschen wären, aus: ders., *Geschichten vom Herrn Keuner*, Frankfurt: Suhrkamp Verlag, 2004.

Seite 106 ff.: Auszug aus Gottfried Keller, *Romeo und Julia auf dem Dorfe*, Stuttgart: Reclam Verlag, 1987.

Seite 116 ff.: Auszug aus Martin Walser, *Ein fliehendes Pferd. Novelle*, Frankfurt am Main: Suhrkamp Verlag, 1978.

Seite 127 – 131: Auszug aus Johann Wolfgang von Goethe, Faust I, zitiert nach ders., *Faust*, München: Goldmann Verlag, 1978.

Seite 143: Ulla Hahn, Mit Haut und Haar, aus: dies., *Liebesgedichte*, Stuttgart: DVA, 1993.

Seite 150: Clemens Brentano, Der Spinnerin Nachtlied, zitiert nach: *Der neue Conrady. Das große deutsche Gedichtbuch. Von den Anfängen bis zur Gegenwart, neu herausgegeben und aktualisiert von Karl Otto Conrady*, Düsseldorf/Zürich: Artemis & Winkler, 2. Auflage 2001.

Seite 151: Joseph von Eichendorff, Das zerbrochene Ringlein, zitiert nach: *Der neue Conrady. Das große deutsche Gedichtbuch. Von den Anfängen bis zur Gegenwart, neu herausgegeben und aktualisiert von Karl Otto Conrady*, Düsseldorf/Zürich: Artemis & Winkler, 2. Auflage 2001.

Seite 160: Gottfried Benn, Ein Wort, zitiert nach: *Der neue Conrady. Das große deutsche Gedichtbuch. Von den Anfängen bis zur Gegenwart, neu herausgegeben und aktualisiert von Karl Otto Conrady*, Düsseldorf/Zürich: Artemis & Winkler, 2. Auflage 2001.